フランソワーズ・パストル

遠藤周作　パリの婚約者

桑原真夫

論創社

フランソワーズ・パストル――遠藤周作 パリの婚約者 目次

附　録

序にかえて

遠藤周作の作品に『ルーアンの丘』（ＰＨＰ研究所）という遺稿集がある。その最終章に「フランソワーズ」という日記風の物語が綴られている。短かった遠藤周作のパリ滞在時期に知り合った女性の名前である。病を得てもうすぐ日本に帰る二十九歳の遠藤と、ソルボンヌ大学で哲学を専攻する二十二歳の才媛との出会いであった。

帰国の決まっている遠藤はどれほど本気でこの女性を愛したのであろうか。フランソワーズへの愛が本気であればあるほど、結核に蝕まれた自分の肉体のことを考えると、彼女への裏切りの気持ちも強くなったことであろう。したがってこの物語に語られている、パリからマルセイユへ二人だけの最後の旅のあいだ一度も遠藤は彼女を抱かなかったという記述は、おそらく本当であろう。

また彼女が遠藤という異国の人から結婚を約束されたことも客観的に事実である。ここにその全容を公開する。知的で冷静で芯の強い哲学者であるフランソワーズが、遠藤との交際とともに花のように輝き始めたことも頷ける。その約束を信じて若い娘は東洋語学校（注１）で日本語を学び（このとき森有正により日本語の手ほどきを受ける）、地球の裏側からの便りをいつまでも待っていた。しかし、便りは途絶えてしまう。そのうち人の噂から遠藤が日本人と結婚したことを知る。彼女はその衝撃から立ち直るのに何年もかかる。否、その衝撃を無視して遠藤への愛慕は違う形になったのかも知れない。フランソワーズに青春の輝きと、未来の約束をくれた、（そのころまだ海のものとも山のものともわからなかった文学青年の）遠藤周作を一人の特別な人間として思慕するようになる。

遠藤の結婚を知ってからフランソワーズは二度日本を訪れている。一度目は観光旅行のツアーで。そのとき訪れた東京や京都の街は、フランスで考えていたイメージ以上に強烈な日本の印象をフランソワーズに与えた。しかし、彼女は東京や京都の黒い頭髪の人込みの中にいつも遠藤の姿を求めていたに違いない（注2）。このときフランソワーズは三十五歳になっていた。

そしてフランソワーズはついに観光ではなくフランス語の先生として日本に行くことを決意する。日本の文部省からの招聘で一九六六年秋、北海道大学に着任した。こうして彼女は札幌に二年、東京に二年、合計四年間をフランス語講師として日本で生活した。私はその前半二年間を彼女の生徒として公私ともにお世話になった。

彼女は在日四年で病を得て帰国し、それから一年も経たないうちに母国で亡くなった。四十一歳の若さであった。今から五十一年前のことである。この一人のフランス人女性が日本で生活をし、大学で教鞭をとったという事実は、四年間の教え子たちと、二つの大学の教職員たちの記憶にしか残っていない。その教職員の大半もすでに定年退職し、鬼籍に入った方も多い。

（注1）現在のフランス国立東洋言語文化学院。長い歴史を持つ同学院は、一九一四年に国

立東洋言語学校（ラング・ゾー）となった。七一年に東洋言語文化学院となり、八四年までパリ第三大学（新ソルボンヌ大学）に所属し「イナルコ」と呼ぶようになった。八四年からは完全な独立の大学法人となっている。

（注2）『遠藤周作』（慶應義塾大学出版会）に著者の加藤宗哉氏はフランソワーズが来日した時の状況を次のように説明している。遠藤周作の秘書は「フランソワーズの日本旅行を、周作から命じられて手助けしている。彼女の京都旅行に、通訳として一人の女性を手配し、その謝礼は周作が負担した」とのことである。

一九七一年四月、世田谷にある銀行の独身寮に一通のエアメールが届いた。日本人ではない人が書いたであろう、こぎれいな日本語の宛名。フランスからのその手紙にはこう書かれてあった。

妹フランソワーズ・パストル、一年来の病気静養のため帰国中でございましたが、今回療養叶わず四月四日（注）死去いたしました。生前の御厚情に感謝し、ここに謹んでお知らせ申し上げます。

一九七一年四月十一日

カトリーヌ・ブリュエル

ジュンヌヴィエーヴ・パストル

なお葬儀は近親者のみにてヴィルヌーヴ＝レザヴィニョンで四月六日執行、同地に埋葬いたしました。

（注）本状では四月四日とあるが、実際はその前日の四月三日であることが後年判明（死亡届日は四月四日）。

この手紙はフランソワーズの親友（フランス人女性）が日本語で書いたものである。突然手許に届いたこの死亡通知に私は大きなショックを受けた。つい数か月前に、病気療養のため滞在中のヴィルヌーヴ＝レザヴィニョンの姉上宅からの、五枚の便箋にビッシリと書かれたフランソワーズの長い手紙を受け取ったばかりであった。その手紙には手術後の経過と、病気への不安、早くよくなって再び日本の大学で教鞭をとりたいという、はやる気持ちが綿々と書かれてあった。

それから私は何十回ヴィルヌーヴ＝レザヴィニョンの彼女の墓を訪れたことであろうか。ベルギー在勤時代、スペイン在勤時代、ロンドン駐在時代、そして帰朝後は日本から、ほとんど毎年プロヴァンスを訪問している。彼女の死があまりに唐突であったこと、まだまだ彼女とは語り合うことがいっぱいあったという喪失感から、私はフランソワーズの面影を求めて南仏のこの小さな町に繰り返し巡礼の旅をする定めとなった。

一九九九年の「三田文学」№59秋季号に「妹フランソワーズと遠藤周作」という特別寄稿が掲載された。次姉ジュンヌヴィエーヴのエッセーを慶應義塾大学の高山鉄男教授（当時）が翻訳発表したものである。このとき初めて、フランソワーズと遠藤との遙か昔の恋人関係が世に開示された。我々関係者一同、一様に驚き、また三十年近く前に黄泉の国に旅立ったフランソワーズという女性のことが、交流のあった多くの方々のそれぞれの胸に改めて明るく輝き始めたのであった。

それから瞬く間に時が過ぎ去ってしまった。この間、私は彼女の生徒の立場から「フランソワーズ・パストル」という伝記を同人誌に書き続けてきた。パリのジュンヌヴィエーヴ宅にも何度か訪問した。そしてフランソワーズが残した貴重な書類のいくつかに目を通すことができた。そうしているうちにせっかく「三田文学」で脚光を浴びたフランソワーズの名前が、このままではもう二度と日の目を見ることなく終わるのではないかと考え始めた。もう一度、彼女に光を当てるため、しかもかつての生徒の立場から、この物語を然るべき場所で公表すべきではないかと……。

※本書に収録した、遠藤周作、フランソワーズ、森有正らによるフランス語で書かれた手紙、及び次姉ジュンヌヴィエーヴ手記（「三田文学」所収は除く）はすべて、筆者が翻訳した。フランス語の日本語表記は原則発音に合わせた表現とした。

※（注）はすべて筆者による注釈。

※なお、フランスの教育制度がフランソワーズの時代と今日では相当に違っているので、現代の表記とは異なる場合がある。

※写真はフランソワーズの遺品相続者からの提供（一部ジュンヌヴィエーヴ及びフランソワーズの親友並びに筆者より提供あり）。

第一部　遠藤周作からの手紙

亡くなる１か月前のフランソワーズ
（義兄ブリュエル氏撮影）

遠藤周作からフランソワーズへの手紙

※すべてフランス語で書かれ、翻訳は筆者が行なった。
※傍線、取り消し線は遠藤自身が引いたもの。
※遠藤は手紙に日付を記入していないので、日付は消印または手紙の内容から筆者が推察した。
※★印は葉書。

1	1952年12月上旬	パリ大学都市のジュルダン病院にて
2	1952年12月上旬	パリ大学都市のジュルダン病院にて
③	1953年1月4日	パリ大学都市のジュルダン病院にて（封筒なし）
④	1953年1月6日	パリ大学都市のジュルダン病院にて
⑤	1953年1月17日	エジプトのポートサイドにて投函
6	1953年1月17日	エジプトにて★
⑦	1953年1月21日	イエメンのアデンにて投函
⑧	1953年2月6日	シンガポールにて投函
9	1953年2月13日	香港にて投函
10	1953年3月10日	世田谷区経堂にて
11	1953年4月3日	世田谷区経堂にて
12	1953年5月2日	世田谷区経堂にて
13	1953年6月24日	世田谷区経堂にて
14	1953年8月18日	世田谷区経堂にて
15	1953年11月21日	世田谷区経堂にて
16	1954年4月8日	世田谷区経堂にて
⑰	1954年8月20日	東京にて（封筒・手紙ともに破損）
18	1956年1月26日	世田谷区経堂にて（手紙なし）
⑲	1960年1月19日	マルセイユにて★
20	1960年2月12日	アテネにて★
21	1960年10月31日	目黒区駒場にて（手紙なし）
22	1963年9月19日	町田市玉川学園にて（手紙なし）

※数字を○で囲った手紙は第一部に所収し、全文は巻末にすべて収録した。

マルセイユ港

一九六〇年一月十九日　マルセイユにて

一九五三年の冬と同じように、私はここマルセイユに佇んでいます。
まったく同じ場所で、しかしたった一人で、海を見ながら、そして船と人々を見ながら。

ポール・遠藤

遠藤周作は一九五九年十一月に妻とともにヨーロッパを訪ねた際、翌々月の一月にパリでフランソワーズと二人だけで会った（注1）。一九五三年の一月にマルセイユの港で別れて以来、七年ぶり（注2）の再会であった。このとき、遠藤は小さなトランジスタラジオをお土産に持参している。そして二人がどのような会話をしたのか、その記録はどこにも残されていない。フランソワーズの次姉のジュンヌヴィエーヴの回想によれば、遠藤は「離婚することは困難だが、今でもお前を愛している」と言ったと思われる。またフランソワーズは、「あなたへの愛情は変わらない。できれば私たちの子供をもちたい」と述べたと推察される。七年ぶりに再会したフランソワーズの遠藤への思いは、少しも揺らいではいなかった（注3）。

パリで何度かフランソワーズと逢瀬を重ねた遠藤は、一月十四日、夫人とともにリヨンに向かう。リヨンは遠藤にとってフランス留学の最初の滞在地であり、懐かしい思い出で満たされていた。一月十六日にはリヨンを発ち、アヴィニョンに到着する。一月十七日、今回のヨーロッパ訪問の重要な目的であるマルキ・ド・サド研究のため、アプトのラ・コスト城を訪ねている（これらの旅程については『遠藤周作全日記』（河出書房新社）に詳しく記述されている）。

一月十八日、遠藤はアヴィニョンからマルセイユに移動し、思い出の港を訪ねる。なにもかも昔のままであった。七年前にフランソワーズに見送られ、赤城丸で出航した場所である。そして、冒頭のフランス語で書かれた絵葉書が投函された。

宛先はオルレアンのジャンヌ・ダルク高等中学校気付フランソワーズ・パストル嬢となっている。絵葉書の表の写真は、一九五三年一月に遠藤が日本に出発する直前、二人で行った巌窟王で有名な島、シャトー・イフの城塞である。二十九歳の遠藤が、フランス滞在の最後に、二十二歳のフランソワーズとともにマルセイユの旧港より観光船に乗って訪れた島である。

（注1）ジュンヌヴィエーヴの「三田文学」特別寄稿の記述では二人は一九五九年十一月に会ったとあるが、『遠藤周作全日記』では一九六〇年一月九日に再会したとある。

（注2）遠藤は日記には八年ぶりと書いている（一九五二年より起算か？）。

（注3）附録の「手記」でジュンヌヴィエーヴは、この二人の再会を次のように述懐している。「このとき二人の関係に新展開がありました。なぜなら、彼は再び彼女に希望を与えてし

REFLETS DE PROVENCE
MARSEILLE
13,53/44 - Le Château d'If

POUR MARSEILLE
METTEZ LE Nº DE
L'ARRONDISSEMENT

1960
BOUCHES DU RHONE

[redacted] Me voici à Marseille
comme l'hiver de 1953, exacte-
ment au même endroite, mais
tout seul, en regardant
la mer, les bateaux et les
êtres humaines

Paul Endo

Mademoiselle Françoise Pastre
Lycée Jeanne D'Arc
Orléan

Editions « MIREILLE »

MEXICHROME
couleurs naturelles

遠藤周作からの絵葉書（1960 年 1 月 19 日　マルセイユにて）

まったのです」。

遠藤周作は深い感慨をもってマルセイユの旧港に佇んでいた。一月上旬、パリでフランソワーズと再会したことは、ある意味では「自分が縁を切った女性への一つの区切り」と考えていたのではなかろうか。ところが、いざフランソワーズと会ってみると、彼自身の気持ちが、七年前に結婚を約束したときと本質的に変わってはいないことに気づかされた。フランソワーズにとっても、絶望と苦悶の数年間を経てもなお、遠藤を愛する気持ちが少しも変わっていなかったことを発見する。

この曖昧で不確かな二人の再会は、改めてお互いを苦しめたであろう。七年間の空白が、なんらすべてを解決していない事実に接し、遠藤の心は穏やかならざるものであった。そして遠藤は、背信の罪の意識を感じながら、断ち切るものを求めて一人マルセイユの港までやって来た。フランソワーズに対する欺瞞と狂おしい哀惜。海が、島が、船が、七年前と同じように目の前に展開する。遠藤周作が背負った十字架は深くその胸に突き刺さったままであった。

一九五三年一月十二日、出航の日の遠藤周作のフランソワーズへの手紙は次のように始まる。

私の愛しいひとへ

一月十二日夜

あなたは去った。あなたの乗った車が見えなくなった後も、私はずっと埠頭に立ちつくしていた。私は、私たちが別れたばかりの場所を去ることができなかった。私は、「あなたは去った」と自分に言いきかせた、まるでそれが信じられないかのように。壁に寄りかかり、港の煌めく灯りを眺めながら、あなたの面影を空しく探し求めていた。マルセイユに向けて私と一緒に出発したあなた。雨の降る中を、雪の中を、リヨンの夜の通りで、あの都市の郊外のキャフェで、私を待っていたあなた。私の肩の上で泣いていたあなた。マルセイユのホテルで、私の傍らで眠っていたあなた、そして私は白く悲しい朝ぼらけを眺めていた。地中海の島に行くために小さな船に私と一緒に乗ったあなた。あなたとの旅行のあいだ、私はまるで少女のようなあなたの純粋さにいたく感動した。あなたの私への信頼を忘れることはできない。しかし、すべてが消え去ってしまった。半時間のあいだ、私は暗闇の中をあなたを探し続けた。なぜなら、この現実を把握できなかったからだ。ようやく、私は惨めな思いで船に戻った……。

一月十二日夜

真夜中過ぎの一時ころ、船は岸壁を離れた。エンジンの音が眠りを妨げた。私は青いパジャマをわざわざ着た。なぜならそれは、私たちの新婚旅行のあいだ、あなたが身に着けていたものだから。私が眠り始めたころに、船は出航した。

ヨーロッパの女神

一九五三年一月十二日、遠藤周作は病気療養のため、やむなく帰国の途に就く。短いフランス滞在であったが、帰国の直前の数か月前、遠藤にとっては来欧した本当の目的であった「ヨーロッパの女神」との邂逅が、奇跡的にもあった。黄色い人種と、白い人種との巡り合い。多神教と一神教。東洋と西洋、その調和の可能性。二人が友人以上の親密な関係になったとき、遠藤からフランソワーズに送られた二通の手紙に、それらは雄弁に表現されている。

一九五三年一月四日の手紙

私の愛しいフランソワーズへ

あなたは来た。一昨日以来、理由はわからないが、あなたが私に会いに来るだろうという予感があった。そしてあなたは本当に来た。今、私はすべてを愛したフランスを去ることにもはや後悔はない。なぜなら、あなたを発見したからだ。私は長いあいだあなたを捜していたのだ。わかるだろうか？　どれだけ長いあいだあなたという人間を捜していたかということを。作家になると決めて以来、手探りで人生の意味を知ろうと決めて以来、ついに私はあなたを発見した。それこそが私が日本を発ってフランスに来た目的だった。日本からの船旅で未知の港をいくつも訪れたが、どこにもあなたを発見できなかった。（人間の悲しみと悲惨さしか発見できなかった）。

二年間のフランス滞在でついに私はあなたを見つけた。わかるだろうか？　なぜなら、あなたは単にフランス人の友人というだけでなく、私のもう一つの分身として、一生私の中でともに歩むに存在なのだ。もし、私の中に東洋と西洋という二つの概念（死における、生における……）が調和することが可能ならば、あなたこそ西洋人として、かくも夢見てきたこの世界に私を導いてくれる人物なのだ。この世界とは、（サルトル的な意味での状況の）存在の条件から全面的に解放されていないために、私がひとりでは到達することのできなかった世界のこと。例えば、病院に入っているあいだ、私はある小品の物語を夢で見たのだが、これを小説にしたいと考えている。

所謂、時の外で（汎神論により東洋では時の概念がないこと）生きてきた一人の東洋人が、西洋の精神の中に合意を求めてヨーロッパにやって来た。しかし彼はこの二つの世界のあいだの隔たりをそこかしこに見つけることになる。なぜなら、（時の概念を持たない東洋人の）彼にとって、（西洋人の）時の継続性の中で生きることは大変困難なことであった（西洋人は時の中でしか生きない、進歩や歴史や……）。結局、彼はこのジレンマを超越することができない、そしてこの反意性に対し、彼はその反動から結核患者となった。なぜならこの病気は、我々に時の概念を忘れさせてくれるからである。（結核患者は、あなたもご存じの通り、少なくとも一年間は休養しなければならない。場合によると五〜六年間、世俗の生活から離れ、死と常に向き合いながら、そして健康が快復するためには、まず最初に彼が生きてきたときの概念を忘れることである。そして一日一日、快復するまで生活のリズムを毎日変えないことである）。

ところで私という作中人物は、この（時間の概念を持たない）非時間的な人生に耐えることができない。彼はすでに時間の中にある西洋の生活を経験してしまったからだ。ましてや彼は、時間性（政治社会問題など……）で脅かされた一九五〇年代の世代である。ヨーロッパの精神を再発見するため、彼は医者の助言に逆らってサナトリウムから出てしまった。そして彼はついに死んでしまったのだ。（あなたは理解してくれるでしょう、私が懸命に日本に帰国しようとしていることを。あなたの国のサナトリウムが素晴らしいものであるとしても、私がヨーロッパンに残ると、完全には病気が治らないと思うのです）。もちろん、私はこのような軟弱な人物ではない。私は私の仕事を終える前に死ねない。しかし、愛しい作中人物を脅かすこの問題は、私を捉えて離さない。非時間制と時間制との選択というジレンマは、実際、常に同じ問題なのだ。この点についてあなたの考えを教えて欲しい。うるわしい私のフランソワーズ、もし私を助けてくださり、かつ私があなたにとって有益であるならば、二人の未来はなんとバラ色であることか。知的な計画のみならず、他の分野においても、我々はお互いを助け合ってゆける。
あなたが生活に疲れたとき、私はあなたの代わりにあなたの重い荷物を背負いましょう。

あなたの日本人の友人　ポール

P.S. あなたと夕食を一緒にとるために、一月七日の午後六時に病院に来ていただくようお願いしました。しかし、もしご迷惑でなければ、あなたとの昼食のために八日の午前中に私があなたの所に伺うことも可能です。しかし、もしあなたが七日の夕刻に特別なことがなければ、私に会いに病院に来ていただけますか?

一九五三年一月六日の手紙

愛しいフランソワーズへ

あなたの二回目の訪問を受けたことの幸せをどのような言葉で表現すればよいのかわかりません。あなたが部屋に入ってきた後、私は私たちの友情について長いあいだ考えていました。あなたは私に、私たちはやっと友人になれましたねと言った。しかし、あなたもよくご存じの通り、知り合うということは時間によるものではない。これまでの何年間か、多くの知人がいました、会い、話し、聞き……、しかしどの人にも友愛を持ったことはありません（多くの場合、人生の根本的な憐れみの問題でした）。しかし、他方では、ほんの少しですが私の心を揺さぶる人もわずかにいました。それは私の人生において忘れられない人たちです。なぜなら、その人たちは私を心から感動させる何かを彼らの内に持っていたからです。あなたもまた、私にとってその一人なのです。それはすなわち、私があなたに友愛を求める、エゴイストな人間だからです。生涯、あなたと話していたい。あなたは、私を純化する何かがある。あの日本の踊りの後、最終の地下鉄の中で、あなたと話したとき、私はそれを見つけました。

そのとき、私はどれほどあなたとともに働く夢を見たことでしょう。どれほどあなたのために私が有益であることを夢見たことでしょう。けれども、私は不幸にも病気になってしまいました。私はあなたとお別れしなければなりません。それはなんと悲しいことでしょうか。私の左肺の小さな染みが、まだ行ったことのないもう一つの世界に私を連れていきました。このことについては、すでにあなたにお話ししましたね。私はギネ美術館に行きました。そこで、我々の死の向こうに存在するある対象を発見しました。その日以来、それらの対象は私に親しく話しかけてくるようになったのです。病院の窓の向こうに飛ぶ鳥たちも、小さな木々も、小石たちも……彼らは彼らの存在を私に表明するのです。微熱とともに、そして私に死を意味する肺の中の小さな湿った汚れとともに、私はそれらを見ています。わからないままに、このとき、新しい仲間として私がなぜあなたを選んだのか。しかし、この偶然は私を大いに夢中にさせてくれる。私は東洋人で、あなたは西洋人なのだ。人生の、そして死の概念……、それは我々の中でまったく別物だ。しかし、その二つが調和することは可能だろうか？ 私が長いあいだ追い求めてきたこの問題は、もう一度私の目の前に置かれました。それ故に、私はあなたを開発することを切望します。（この傲慢な表現をお許しください。私の下手なフランス語ではこのような表現しかできません）。

したがって、いつか私が健康になって、あなたがこれまで見たこともない、想像したこともない、横切ったこともない東洋の国で、私はあなたを愛したい。西洋の若い娘であるあなたが、死や生に関する東洋の考えに触れることのできるそのときを、私は情熱的に待っています。

私が病院を退院するとき、あなたは私にきっとこのように言うでしょう。「二年で、私たちはやっと知り合いになれた」と。いいえ、フランソワーズ、私たちの友愛は一時的なものと考えてはならない……わかるだろう……。私はあなたを、少なくとも、あなたが一度も見たことのない国へ連れていく。そして、あなたへのこの約束を残して、私は一月八日に出発する。さようなら、私の愛しいフランソワーズ。私は寄港する港ごとに、あなたに手紙を書きます。アフリカから、インドから、中国から。

あなたの日本人の友、ポール・遠藤

もう一度、私の日本の住所です（後略）

地中海からインド洋へ

一九五三年一月十二日にマルセイユを出航して以来、遠藤が乗船した赤城丸は予定通り各国の寄港地に停泊した。出発にあたって遠藤がフランソワーズに渡した渡航スケジュールが残されている。それには、タイプ打ちと手書きで、立ち寄る港の到着日と出港日、そして宛先が書かれてある。

遠藤周作「赤城丸航海スケジュール表」

港名　　郵便物気付先

マルセイユ　出発日一月十二日　A. V. Fenton & Co., 8, Rue Beauvau, Marseilles.

ポートサイド　到着日一月十六日　Worms & Co., P. O. Box 127, Port Said.

スエズ　到着日一月十七日　Worms & Co., P. O. Box 13, Suez.

アデン　到着日一月二十日　Luke Thomas & Co., Ltd. Aden.

ペナン　到着日一月三十一日　出発日二月二日

The Borneo Co., Ltd. P. O. Box 155, 6a. Weld Quay, Penang.

ポート・スウェッテナム　到着日二月三日　出発日二月四日

The Borneo Co., (Port Swettenham) c/o Mercantile Bank Bldg. Raffles Place, P. O. Box 898
Singapore-Straite Settlements.

シンガポール　到着日二月五日　出発日二月九日
The Borneo Co., Ltd. c/o Mercantile Bank Bldg., Raffles Place, P. O. Box 898, Singapore.

香港　到着日二月十三日　出発日二月十四日
Dodwell & Co., Ltd. Hongkong & Shanghai Bank Bldg., P. O. Box 36, Hong Kong

マニラ　到着日二月十六日　出航日二月十八日
Warner, Barnes & Co., Ltd. Soriano Building, Manila.

神戸　到着日二月二十二日　出航日二月二十四日（横浜へ）
N. Y. K. 1, 1-chome Kaigandori Ikuta-Ku

遠藤はフランソワーズとの甘く切ない別離をかみしめながら、瑞々しく愛情に溢れた手紙を書き残している。二十九歳の遠藤周作という男の青春が躍動している流麗なフランス語の文章が連なっている。

一月十三日朝

朝早く目が覚めた。船はすでに海の中にいた。~~（私の悲しみを無視する船出はなんと過酷なも~~

めか！」。フランスはすでに遠い。私がかくも愛したあなたの国。私に「あなた」を与えてくれたあなたの国。否！　否！　そうではない。私は決してあなたを離さない。フランスとフランソワーズを。小さなキャビンで横になりながら、涙がとめどなく流れてきた……。ギャルソンが朝食を知らせに来た。食堂では、向かいの席の、あなたも覚えているでしょう、あのドイツ人の婦人が話しかけてきました。礼儀上、少しだけ返事をしました。しかし、彼女の言葉はまったく聞いていません。聞く気もありませんでした。この船の中でまったく独りにしてくれることを望んでいました。なぜなら私はあなたのことを、そして私たちの将来のことを、それだけを考えたいと切望していたからです。私にはあなた以外は何も存在していないのです。

一月十三日正面にコルシカ島

海は大変荒れている。私はあなたがマルセイユで買ってくれた錠剤を一つ飲んだ。それはあの悲しい夜を思い出させた。あなたは少しばかり体調が悪かった……。あなたはひと塊の砂糖を食べた。頭が痛くなった、熱が三十八度ある……。

時間が経過するにつれ、船は私をあなたから離していく。しかし、この別離を越えて、私はなぜか、一つの確信がある。私は昔から、そして長いあいだ、愛で結ばれるということを信じていなかった。私にとって愛は、二つの性の葛藤だと考えていた。なぜなら、それぞれは他者の孤独を決して理解できないから。二つの性のあいだには、越えることのできない深淵がある。あなたでさえ、私の悲しみを担うことはできない。旅行のあいだ、あなたを抱きながら、私は熱にうなされ、死を思い苦しんだ。しかし、それはあなたの愛を越えるものだった。あなたが私を愛していることはよくわかっていた。しかし、あなたは私の心の奥底に触れることはできなかった。列車の中やホテルで、突然あなたに「フランソワーズ、私を捨てないでおくれ」と繰り返したのをあなたは覚えているだろう。このとき私は、病気のことや熱のこと、これらの死の兆候に対してひどく不安だったのだ。しかしあなたは、「心配しないで、馬鹿な質問はやめて」と言った。でも、あなたはわかっていなかった。そして私もまた、あなたの心の奥底まで降りてゆくことができなかった。マルセイユの夜……あなたは覚えているだろう、レストランの中で私がまさに泣き出そうとしていたことを。私を涙させたものは、それはあなたではなかった。それはこうした愛の条件だった。我々は愛し合っている。しかし、お互いに触れることができない。その場合、なぜ私はあなたを愛しているのか？　私にとって、然るべき経験を生きてきた今、愛は他者（あなた）のあるがままの人生を受け入れることなのだ。私の中であなたは、私によって養分を吸収して成長してゆくのだ。あなたは西洋に属し、私は東洋に属していることを、私はあなたにしばしば説明したのはそのためなのだ。ここで私は、あなたと私のあいだの会話の意味を捜している。しかし今日、これ以上書くには少しばかり疲れてしまった。

一月十四日朝

船は今、目の前に南イタリアを見ながら通過しようとしている。海はあくまでも青い。島はどこまでも黄色い。そして赤と白のイタリアの小さな村の後ろに、雪で覆われた山々。たびたび私たちの船は小さな船を操る漁師たちと出会った。彼らは知らない言葉で礼儀正しく挨拶をしてくれた。しかし、金色の風が瞬く間に彼らを我々の遥か後方に運んでいってしまった。あなたの夢を見た。私はあなたと一緒に同じ船に乗っていて、未知なる国へと向かっている。あなたもまた歌うような優しい言葉を聞いている。あなたは果てしない海の、金色の風を感じることができるだろう。なぜなら、あなたは私の妻となり、私の「人生の伴侶」になるのだから。

一月十四日午後

この朝以来、私たちの船は何にも出会わなかった。海は永遠の海であり、青く、太陽が輝き……吹く風は退き、叫び、しばしば陽気に、時には孤独に。私はエマニュエル・ロブレスの『モンセラ』を読んだ。そして、西洋と東洋の愛の違いについて繰り返し考えた。

――――――――――――――

フランソワーズ、一つ大きな仕事をお願いできますか？　今日から日記を書いてもらえないでしょうか？　そして、ノートが終わり次第、それを送って欲しいのです。あなたは思い通りに書けばよいのです。あなたの日常の考えを、その日の仕事のことを、友人のアレクサンドルやマリー・ルイーズたちと会ったことを。私もフランス語で日記を書いて送ります。しかし、このことはあなたのお考え次第です。返事を待っています……。

――――――――――――

一月十四日夜

船の生活は私を微笑ませます。同じリズム、同じ海、同じ食事……。東洋の生活のように単調なのです、フランソワーズ。私はこう考えます、愛は炎ではないのだが、それは一生、内に秘めておくべき火なのだと思います。我々はこの愛を育んでゆかねばなりません。そのために我々には試練が必要です。別離もまた、愛のためには時々必要なものです。我々は運命を超えることはできません。今は、我々が再会するために、十月か十一月まで待たねばなりません。しかし、新たに結ばれる準備のため、この別離を有益なものにしましょう。別離は我々の愛を純化するための一種の試練です。再会できるまでの一年、私たちの愛を純化しましょう。我々は運命に従うことで、それを乗り越えたギリシャの英雄たちのようにならねばならない。なぜなら、人生はいつも運命よりも高い所にある。この何か月の間、我々は我々の孤独を深めようとした。我々は、（形而上学的にも）愛のために必要な別離に耐えなければならない。我々がこの試練を越えることができたなら、二人の夫婦生活に、より大きな希望が持てます。

一月十五日午後、クレタ島を前に

少々書くことを放棄していました。今、マリー・ルイーズとアレクサンドルに手紙を書きました。船は「クレタ」島の真ん前を通り過ぎようとしています。夕暮れの雲はバラのようで、沈む太陽は海の上に金髪のような光を投げかけています。海は静かで、ヨーロッパともオサラバです。なぜなら、明日にはスエズ運河を通過します。東洋の世界に入るのです。こんなにも美しく、そしてかくも悲しい夕暮れ時に、私は、まさに正確に、二つの世界の真ん中にいるのです。私はどうしてなのか日本に帰ることを望んでいません。以前、日本に帰り、そこに根を下ろす夢をたびたび見ました。しかし今、私の故国は逆に、無理に行かされた外国のようです。私はフランスに行く必要があったのだろうか？　フランスへの旅行は、私から祖国を奪い、根無し草にしてしまった。フランスでの滞在は、私を半分ヨーロッパ人にしてしまった。一旦あなたの世界を知ってしまって、どうやって私はかつての本当の東洋人になることができるのか？　汎神論とキリスト教のあいだで、時間と非時間とのあいだで、西洋と東洋のあいだで、私は引き裂かれてしまった。今、クレタ島の近くの、かくも悲しみと美しさでいっぱいのバラ色の夕暮れ時に、二つの世界の中間にいる。あなたこそが、私のフランスへの旅の一つの結論であると、今、私は十分に理解しました。あなたを愛しているからこそ、今日からあなたの世界とあなたの考えを私は見捨てることはできません。その意味では、あなたはキルケゴール的な意味で、いつも私の「良心」です。一日が終わろうとしています。夕食を知らせるベルの音が聞こえます。船が揺れ始めました。この最後の文章を締め括るにあたり、私は夕闇の最後の光を捜しています……。

あなたのポールより

一九五三年一月二十一日　イエメンのアデンにて投函

（一月十八日　紅海）

私の愛しいひとへ

一昨日、我々の船はポートサイドに着きました。私は興奮状態であなたの手紙を待っていました。しかし、手紙はありませんでした。夕食後、船を降り、外国人には少し危険でかつ大変神秘的な、エジプトの町をたった一人で散歩しました。それは、私にとって魅力的なものでした。夜の帳《とばり》が下りるや否や（私はこれまで、このように素晴らしく赤く、大きく、そしてメランコリーな沈む夕陽を見たことがありません）、町には誰もいなくなりました。ある通りから、一匹の雌猫だけがさまよっている大変汚い通りへと渡り歩いてゆきました。私は、ひとつひとつのビストロから悲しいこの土地の音楽が聞こえてくる、エジプト的な界隈をわざわざ選んで散歩しました。あるビストロでは、三〜四人のエジプト人が会話もなく、メランコリックに夜が更けてゆくのを見つめていました。私もまた、一杯のアルコールを飲みながら腰かけていました。そして、だんだん私は、まるでここにもう長いあいだ住んでいたような気持ちになりました……。

――――――――――――

ほとんど一日中、私はあなたのことを考えています。スエズとアデンのあいだの海は、紅海と呼ばれている。長いあいだ、どうしてなのか、この海を渡ってみたいと願っていました。あなたもよくご存じの通り、ヨーロッパの地中海はこの場所で終わります。西洋の世界は、アフリカとアラブとのあいだのここで終わり、東洋の世界が始まります。

我々がこの海に差しかかったとき、正午になっていました。正午を分割するのは、二つの世界の中間の場所です。我々の「紅海」は、アフリカとアラブの二つの砂漠に囲まれ、熱気はますます凄まじい。波はなく、風もない。海は恐ろしく青黒い。波のない海を想像して欲しい。二つの黄色い砂漠以外何も見えない。鳥も、船も。何も息をしていない。二日間、船はこの死んだ海を静かに航行しました。しかし、何も変わらなかった。永遠に、海は波一つなく、風一つなかった。人や生き物のいない砂漠。私があなた方の「地中海」を通ったとき、波は島のほうに向かって流れていた。それは見えなくとも想像することができる。鳥たちさえも、私たちに陸地の影を告げていた。波が、風が、鳥たちが、「目的」「方向」、そして「動き」の象徴なのだ。ここではまったく波がなく、少しの風もない。したがって、空間も時間も存在しない。すべてが悪魔のように死んでいる。黒い虚無である暑さだけが息苦しい。

二日間この海を眺めながら、私はしばしばおのれの死について考えました。キリスト教が初めて私に死の恐怖を教えてくれました。死の後でさえ、あなた方のキリスト教によれば、我々は永遠の次元で活動し続けることを義務付けられている。しかし、ここ異教徒の海では、永遠の休息しかない。波もない、風もない、すべてが眠っている。あなたは私が疲れ無気力になっていると言うでしょうか。おそらくその通り……。しかし、この紅海に、この死んだ海に、そしてこの悪魔のような海に、なぜ私は郷愁を抱くのでしょうか。二週間後に、もし下船できれば、インドの芸術がその秘密を打ち明けてくれることを期待しています。

心より　あなたのポール・遠藤

一九五三年二月六日　シンガポールにて投函

（二月四日　ポート・スウェッテナム）

私の婚約者へ

ペナンで私はついにあなたからの三通の手紙を受け取りました。愛しい人よ、私はそれらを何度も何度も読み返しました。そして、その内容を完全に記憶してしまいました。あなたはすでにアデンからの私の二通目の手紙を受け取ったものと思います。アデンでは、広大な砂漠を見に行きました。暑さは凄まじいものでした。しかし、私はアフリカ人の運転手を雇い、車で出発しました。二時間ほど走ってやっとラクダやラクダ引きたちと出会いました。砂漠はあまりにも暑く、黄色でした。喉が渇きましたが、水がありません。とうとう私は熱を出してしまいました。午後六時ころ、太陽が完全に真っ赤になったとき、目的地であるその土地の小さな寺院に到着しました。私と運転手以外は誰もいません。黄色い風がこの小さな寺院の周りを渦巻くばかりです。この寺院の中に一体の彫像を見つけたとき、私は思わず涙が出そうになりました……。

愛しいひとよ、それは私にギメ美術館の像を思い出させたからです。本当に、こんな黄色い砂漠の中にも人の生活があり、しかもその砂漠の中に彫像があるとは、人間のなせる業です。この事実が私を泣かせるのです……。

十日間、私の貨物船はインド洋を横切りました。この間あなたからの手紙が受け取れず、船旅は惨めなものでした。そして砂漠への旅が原因で疲れてしまいました。インド洋の水は熱く、かつ荒波でした。それでも私たちはペナンに到着しました。そしてあなたからの三通の手紙を受け取り、欣喜雀躍したのでした！

　このペナンでは私は自然よりも人間を観察するようにしました。依然、暑さは強烈です。今現在でもこの町はパリの夏とは比較にならないほど酷暑です。私は短パン姿でビールを飲みながらこの手紙を書いています。昨日からこの町をよく見て歩いています。あらゆる所にバナナの木が茂り、子供たちが知らない果物を売りつけに来ました。そして蚊の襲来と蛇のわるさ（それから、あなたのことを考えながら、私は笑いました。なぜなら、あなたをここに連れてきたなら、あなたはきっと泣いてしまうでしょう。そしてあなたが蛇を恐がっているうちに、あなたに悪戯をしてキスしたりできるから）。

（注：蛇に驚いて泣くフランソワーズのイラストが描かれている）

　しかし原住民の人たちの生活はあまりに惨めです。彼らには表情がありません。なぜなら彼らはあまりに疲れている。昨夜夕食の後、私は疲れているにも拘わらず、マレー人街に出かけました。そして非常に汚いホテルの一室で一時間、マレー人の娼婦と話をしました。（どうか怒らないで欲しい、私の愛しいひとよ、作家として彼女と話してみたいという目的以外には、これといった特別の目的があったわけではないのだから）。夜のひと気のない通りに彼女と出たとき、月は巨大で赤く輝いていました。海からの

微風が（遠く、遠く海鳴りが聞こえていた）、希望もなく尊厳もなく生きて行かざるを得ないこの悲しい町の惨めさを慰めてくれました。

ポートサイドからの私の最初の手紙で、愛についてあなたに多くの苦しみを与えたことをすまなく思っています。しかしあなたはあのことを誤解している。私は私たちの愛について特段に語ったわけではない。私は愛それ自体について単に話したのだ。（私は我々の旅行について後悔はしていない）。反対に、思い出が多くない我々にとって、素晴らしい経験になったのだ。そしてあなたは、我々の旅行が私の悲しみとしての一般的な愛の考えを理解してくれた。否、否、この旅のお陰で以前にも増して私はあなたを愛するようになった。私は、パリにいたときには知らなかったあなたの別の面を発見した。愛しいひとよ、変わることがないのはあなたへの愛だ。愛してる。あなたは、この世界で発見した唯一の女性だ。愛してる。そして、一日中あなたのことを考えている。早くあなたと再会したい。そしてあなたと生活を始めたい。私は何度も何度もあなたからの手紙を読んだ。読むたびに大きな喜びと、そして大きな悲しみがやって来た。私にはあなたの手紙が必要だ。そしてあなたの助言が、あなたの慰めが、あなたの思想が。なぜなら、あなたの手紙を読むと、私の旅の印象と私の考えとを素晴らしく深めてくれており、そんなあなたが大好きなのです。

今私は、あなたの助言により小説を書くことができると強く思う。なぜならあなたの手紙でさえ私の旅の印象を一層深めてくれたから。愛しいひとよ、私にはあなたが必要だ。私の人生のためだけではなく、仕事のためにも……。

そしてすでに我々のあいだでは共同作業が始まっている。私は世界で一番幸せな人間だ。なぜならフランソワーズを妻として迎えることができるのだから。

日本では、私は治療に専念します。そして快復したら、我々の人生は今よりもさらに素晴らしいものになるだろう。この船のキャビンで私は毎日あなたと一緒にいると思っている。そして私は独り（あなたと）話している。「さぁ、私の愛しいひとよ、海を見に行きましょう、そして何か冷たいものをたのみましょう。この国はなんと暑い土地柄でしょうか！」などなど。幸いにも同室の人は日本人で、フランス語がわかりません。彼は私に日本語で尋ねます。「何かおっしゃいましたか？　よく聞こえなかったが」。そして私はいつも彼にこう答えます。「すいません、眠っていて夢を見たようで……」。そして私は顔を赤らめます。


——○——×——○——


私の最初の手紙で、愛はそれぞれの孤独を越えることはできないと書きました。この言葉はどうもあなたに誤解を与えたようです。（このことについては、今は説明したくない。なぜなら話し出したらキリがないから。しかし、いつだったか、このことについてアレクサンドルと話したことがある。私の考えをもっとよく理解してもらうためには彼と話し合わなければならない）。

あなたもよく知っているように、作家になりたいという私の望みを実現するためには、作家の義務として、どんなに厳しい事柄であっても客観的にかつ勇気を持ってこの世界を見つめなければならない。だから私は、いつも自分の性格を恐れています。調和した愛を望むことは大変たやすく、望ましいこと。しかし我々は人間として、人間の状況、孤独、死に直面した孤独から逃れることはできない。この大変簡単な言葉が私の出発点となっています。覚えているだろうか、私の愛しいひとよ。病院で私が孤独を恐れていると話し、そしてあなたに孤独は好きかと聞いたことを。あなたは私のおかしな質問に微笑みながら答えてくれた。「ええ、孤独は好きよ」そして私はまた、あなたに聞いた。「フランソワーズ、あなたは死に慄いたことはあるかい?」「死の孤独を知っているかい?」あなたは「いいえ」と答えた。それからリヨンのことも覚えているだろうか。夜の街を歩きながら、あなたと私の世代の違いについて話した。毎晩七百〜八百機のアメリカ軍の空襲があり、私はそれらに恐怖を抱きながら戦争の最中に大人になったのだが、私はこの孤独を忘れることができない。そして目の前で仲間たちが孤独に死んでいった。誰も彼を助けることはできなかった。母親も、奥さんも。私はそれらを自分の目で見、その時代を生きたのだ。

今、私が一番に望むことは、この世界と対峙して明晰に見ることであり、この黄色い砂漠とマレー人の売春婦の淋しい顔を見ることなのだ。そして、この世界の意味を摑むために、東洋と西洋の二つの思想を織り込むこと。愛の次元においてさえ、私は明晰なる目を失いたくない。愛しいひとよ、申し訳ないが、私は死について考えることなしに見ることができない世代の人間なのです。

だから、今、あなたがくれたマルローの『声の沈黙』をもう一度読みたい。残念ながらあの本は木箱にしまってしまった。(あなたに見せた)ジョルジュ・ビュランの『仮面』は二回読んだが、この本は読むたびに感心しています。あぁ、私の愛しいひとよ、この本のいくつかの文章を理解するためには、病人になって旅に出て、多くの人種と巡り合う必要があったのです。ジョルジュ・ビュランはパリ十六区のクロード・テラス通り三十七番地に住んでいます。彼の所に行って、私がどれほどこの本に感動しているか伝えてくれないだろうか。

謎の沈黙

遠藤周作からフランソワーズ宛に書かれた、現存するフランス語の書簡は十六通の手紙と三枚の絵葉書である。手紙は十六通であるが(一通封筒がない)、手紙のない封筒が三枚ある。この三枚の封筒の手紙が見当たらない。破られ、破棄されたのであろうか。(なお、これらの手紙は封筒と中味とが別々に保管されている。その経緯については第二部第12章に詳述)。

これらの手紙の中で、一九五四年八月二十日の封筒は完全に破られ、二片の破片になっているが、幸いにも切手と日付印のところが残されており、日付の特定ができた。一方、残された手紙の中に、ちぎられてはいるが、（たぶん、ジュンヌヴィエーヴにより）セロテープで貼り合わせた手紙がある。これこそ、破られた手紙の中味であったと思われる。

最愛のフランソワーズへ

山中に滞在していたため、東京に着いていたあなたの手紙を読むことができず誠に申し訳ありませんでした。返信することが大変遅くなったことを心より謝ります。

あなたに何度か説明した通り、私の健康について率直に申しますと、快復しつつあると思います。本年になって医者は私に、左肺のために「人工気胸法」（たぶんあなたも聞いたことがあるでしょう）を勧めてきました。それは多少効き目はあるようです。事実、この方法により、年初来だいぶ良くなってきました。（外見上、私は他の健常者と変わりません）。しかし、肺の空洞はまだ恢復していません。そして医者は十月に手術をするよう勧めています。熟慮のすえ、今後のためにもその勧めを受け入れることにしました。

（1）しかしながら、この手術により今年中または来年、あなたとは会えなくなります。なぜなら完全に快復するまで私は働くことができませんし、あなたの世話をすることもできません。私がベッドにいるあいだ、あなたはこの未知の国で一人でどうやって生きてゆけるでしょうか？

（2）次に、今のところ、日本であなたの仕事を見つけることは困難です。なぜなら、昨年あなたは試験に失敗したので、次の機会まで待たねばなりません。
（3）結果として、良いチャンスが来るまで、あなたはフランスで辛抱強く待っていた方がよいと考えます。
（4）つまり、私は健康が快復次第、もう一度フランスに行きたい。それから私に（東京のカトリック学部のコースを担当する）教授ポスト就任の打診がありました。たぶん、私がフランスに発つことに何ら問題はないと思います。（所謂、あなたが日本に来るという）あなたの計画よりも、その方がベターだと思います。この点について辛抱強くあなたの回答を待っています。

＊　＊　＊

唐突にこのような手紙を差し上げて大変申し訳なく思っています。しかし、思い出してください、「愛は時間と空間を超越します」。私はこの点についてあなたが少しばかり東洋人になってくださることを希望します。もしあなたが『第二の性』にゾッコンでいるなら、あなたはどのようにして達観することができるでしょうか？　冷静になりましょう。本質論として、人生とは忍耐です。私は冷静にあなたを愛しています。あなたのご家族を憤慨させないようにしましょう。私たちが愛し合っている限り、私たちの愛はますます近づきます。私はいつも「La……」を信頼しています。

あなたのポール・遠藤より

今までの愛の言葉に溢れた手紙から、なんとかけ離れた手紙であろうか。「手術をすることになったので当分会うことができない。日本でのあなたの就職も困難。チャンスが来るまで辛抱強く待っていてくれ」。その上、「健康が快復したら私がフランスに行く」「唐突にこのような手紙を書いて申し訳ない」とは、フランソワーズにとっては支離滅裂な手紙である。彼女がこの手紙を（たぶん）引きちぎったのも理解できる。

ジュンヌヴィエーヴは、遠藤からフランソワーズへの手紙について前掲「三田文学」の特別寄稿に次のように書いている。

フランソワーズは、一九五三年を通じて、はじめは寄港した各地の港から、ついで日本から手紙を受け取った。それは愛情と、欲望と、約束と、はげましと、ユーモアに満ちた素晴らしい手紙だった。（中略）くり返し述べられているのは、「ぼくらは結婚するだろう」「君を愛している」という言葉だ。（中略）それから、一九五四年には二通、五五年には一通の手紙が来信した。しかし以後はなにも音沙汰がなく、この沈黙は、来る日も来る日も、待つことの苦しさのなかで流れていったのである。

一九五四年の八月二十日の、あの支離滅裂な手紙で、遠藤は自分の新しい状況について示唆しようとしたのかも知れない。「唐突にこのような手紙を差し上げて大変申し訳なく思っています」と言いながら、「私はいつも『La ……』を信頼しています」と書いている。最終行のフランス語の「La ……」には何を書こうとしたのか。二人だけの暗号であったのか。

遠藤周作が『白い恋人』（「近代文学」）で第三十三回の芥川賞を受賞するのは、翌年の七月である。また、その年の九月には、慶應義塾大学仏文の後輩、岡田順子と結婚する。それをフランソワーズに告げることなく遠藤は沈黙したのである。もし、告げた可能性があるとすれば（ジュンヌヴィエーヴは一九五五年の手紙は一通と書いているが、この年の日付の封筒は残されていない）、一九五六年一月二十六日の手紙ではなかろうか。しかし、その手紙の中味は残されていない。

遠藤の手紙には（航海中や日記風に書いた手紙は別として）ことごとく日付がない。フランスに生活し、またヨーロッパの文化に造詣の深い遠藤が、手紙の日付の重要性を知らないわけがない。なぜフランソワーズへの手紙に日付を入れなかったのであろうか。それは遠藤が日本人との結婚をフランソワーズに隠したこと（沈黙したこと）に繋がるのではなかろうか。短いフランス滞在ではあったが、若き日の遠藤は何人かの女性と付き合い、青春を謳歌していた。そして、帰国が決まった最後の最後にフランソワーズという「ヨーロッパの女神」に巡り合ってしまった。もう時間がない！　閃光のように愛を打ち明け、結婚の約束をしてしまった。マルセイユからの出航まであと一週間余。一九五二年十二月末から、一九五三年一月八日まで、二人は炎の中にいた。そして一月九日、二人は慌ただしくパリのリヨン駅から同じ列車に乗る。

一月九日（金）

朝、巴里を発つ。フランソワーズと……

白井、林、浅野、タデ［舘慶一《たてけいいち》］、柳、今井、大出［晃］の諸兄とマコ嬢、アレクサンドル、来る。

巴里からフォンテンブローにかかる郊外は白い凍雪が一杯つもっていた。裸の樹々が風にゆられていた。

ぼくはフランソワーズとそれをじっと凝視していた。彼女はぼくの肩に頭を靠《もた》せていた。

（『ルーアンの丘』より。［　］は筆者が付記）

燃え盛る愛の炎の中にいて、遠藤は（もちろん、自分の病気のこと、帰国のことを真剣に考えながら）、この「ヨーロッパの女神」との特別な関係を、「夢」でしかないと気づいていたのではなかろうか。「夢」だからこそ「日付」を入れる必要がない。フランソワーズに日本人と結婚したことを伝えなかったのも、「夢」だからこそ知らせる行動を取りたくなかった……。

「遠藤周作研究」第九号（遠藤周作学会）に、遠藤周作研究家の太原正裕氏が、遠藤とフランソワーズの関係を次のように率直に書いている。

一九五〇年からの遠藤のフランス留学は、病気のため二年七か月で中断せざるを得なかった。この留学は言わば「中退」であった。留学の最後、フランソワーズ・パストル嬢との十日間の恋愛に夢見心地であったが、当時の状況から両家、特に無名の結核（当時は死亡率がほぼ百%）病の無職の異国の青年との国際結婚などパストル家が許すはずもなくこの恋は終わる。現実に目が覚めた遠藤は、岡田順子と結婚を前提とした付き合いをはじめ、その後文筆活動に集中する。

投函されなかった手紙

私は一九九〇年代後半からフランソワーズの伝記を同人誌に書き始めたが、今では前半の章に登場した人物のほとんどは亡くなってしまった。その途中で、ジュンヌヴィエーヴの特別寄稿が

「三田文学」に発表されたことにより、日本のフランソワーズ関係者にセンセーションを巻き起こした。二〇〇〇年十二月に、私はパリのジュンヌヴィエーヴを訪ねた。その際ジュンヌヴィエーヴが「三田文学」の記事とは別に、フランソワーズの生い立ちを語った手記を作成してくれることになった。そして二〇〇三年四月にそれは完成した（手記の前半は第二部に内包、後半は巻末に収録）。二〇一五年には、モンペリエのジュンヌヴィエーヴの次女の所から、保管されていた遠藤周作からフランソワーズに出されたすべての手紙が出てきた。二人の手紙のやり取りについては、第三者である私には多くは語れない。否、誰も語ることができないし、それに言及することは二人への冒瀆にもなりかねない。

残されたフランソワーズの資料は大きく分けて五つに分類できる。（一）遠藤周作からの手紙。（二）森有正からの多くの手紙。（三）舘慶一（注）からの手紙。（四）次姉ジュンヌヴィエーヴからの手紙。（五）その他、大学関係者や親しい友人たちとのやり取りである。

（注）一九一二年生まれ、二〇〇四年没。東京美術学校（現東京藝術大学）卒業後、一九五二年より妻子を日本に残し単身渡仏。他の芸術家と交流することなく、ひたすら絵を描き続ける生活を送った。加藤周一は彼のことを「純粋画家」と評している。

さらに重要な書類として、フランソワーズが遠藤宛に書いて、しかも投函されなかったフランス語の手紙がある。エアメールの封筒も準備されており、その表には遠藤の名前と東京の住所がはっきりと書かれてある。

ポール（注）

私は自殺することに決めた。さしあたり、あなたの本の翻訳を進めます。この翻訳を完成したいのだけれど、最後までやり遂げる力が残っているかどうかわからない。もう限界に近い。

いいえ、私は決して犠牲になろうとは思わない。完全な愛など存在しないし、あるいは私にしか存在しない。

私には、それは耐えられない、絶対に我慢できない。もし、私が死んでしまうのなら、良心の呵責も、後悔も、希望もなく死にたい――そして私は解放される――少なくとも一回は、私はそう願っている。

最初の旅行のときに、あなたとの関係を終わりにすべきでした。フランスに帰ってきたとき私は、病気になっていた。あれから三年、そして今新しい旅発ち。

あなたは不誠実で、本当のことを言えない弱い人間だった。あなたは本当のことを語らず、その意思を持たなかった。そしてウヌボレヤで、悪意があった。私は本当に精根尽き果ててしまった。それでも私は夕食の買い物に出かけ、生花を買い、緑の植物を求め、そして母親になることを考えていた。私は子供の世話には自信があるから、パリであなたが私に、「息子のことを考えると離婚はできない」と言ったこと、覚えているでしょうか？　それはあまりに悲しい言葉だった。

人生はなんと嫌なものなのか。舘氏は、パリでは彼女なしで生活すると前もって言っていたのに、結局、彼は一人で滞在することを望まなかった。彼は、自分の個展よりも自分の平和のほうが必要だったのだ。なんと腰抜けで駄目な男なのだろうか。

今宵、私は吐き気を覚え、そして嘔吐した。いいえ、すべてがうまく収まったわけではないけれど、無用の書類を整理した後で、できるだけ慎み深く自殺したい。私は、私の肉体や血液や人生をなしているものに耽り貪る好奇心には耐えられない。

それぞれの人々に渡すものを準備するつもりだ――たいしたものではないのだけれど、しっかり準備して、そして安らかに一人で死んでゆきたい。

私は本当にあなたを愛していた。

でも、あなたは、ただただそれを理解できるというだけで罪から逃れられるのだろうか！

（注）遠藤周作のクリスチャンネーム。

この手紙はフランソワーズが東京在住のときに書いたものと思われる。（八月十七日日曜日と日付が入っており、一九六九年と推定される）。「私は自殺することに決めた」という衝撃的な言葉で始まっている。二十二歳のときに出会って以来、一途に思い続けてきた遠藤への切ない感情の爆発であろうか、「本当にあなたを愛していた」という言葉には傍線が引かれてある。ジャンセニスト（注）と言われるくらい厳格な彼女である、ついにこの手紙は投函されることはなかった。手紙の最終行の「あなたは、ただただそれを理解できるというだけで罪から逃れられるのだろうか！」は、フランソワーズの遠藤に対する偽らざる気持ちであろう。

（注）フランスの哲学者パスカルに代表される、十七世紀以降流行した厳格な異端的キリスト教思想。

もう一つ、彼女が遠藤に対する思いの丈を日本語で書きなぐった重要な書簡がある。これは手紙の下書きなのか、全文がきれいには連続していない。同じページをまた新しい紙に書き直したりしている。それらの紙片を意味の通じるように繋ぎなおしてみると左記のようになる（未成立の文章が多く、日本語としておかしいものもあるが、極力原文のまま掲載する）。これを清書して遠藤宛に投函したかどうかはわからない。

ぶらさがっているあの電球の糸を見ている。自殺する……今もはっきり想像することが出来ない。今も、するとかしないとか、とにかく自殺は絶対的な行為であると思います。自殺するまで、する瞬間まで、夢想とか観念だけです。自殺することの決心はおそらくすこしずつはっきりしているかも知れない。心の中に秘密にいだいた決心でしょう。

今日土曜日、上演の日（注1）です。私は約束しましたのに見に行きませんでした。あなたは有名なフランソワーズとおっしゃいました。どういう風に有名だと思うのでしょうか。それからあなたが平気で三か月に一回くらいしか電話をかけてこないので私はいやになった。とにかく昨日からあの上演を考えて、だんだん興味を失うようになりました。その上、今日テレビであなたはみなとだらしない話をしたり、私生活についてそんなにくだらない話をしたりして、私は更にそんなあなたの行動がいやになりました（注2）。私はこれからどうすればよいのか。あなたは作者として欠点が多い。自分自身を興奮させて、意味のない表現をして、一方であの綺麗な文章の表現は技術臭いです。人目を引くように表現していますが、純粋な文章には当たらない。なぜならばあなたの情質の問題です。私はあなたに会いました時、あの欠点に気づきませんでした。それから、あの元々のあなたの印象は、私の運命を不幸にしました。どうするのがよいのでしょうか。あなたはくだらない記事とか下品な仕事を避けたらいいではないか、だらしないとか、表面的に綺麗な文章というものは性質の問題でしょう。それから、どんな手段を使うのも勝手ですが、自分の出世を求めてばかりはいけない。

しかし、私はあなたを改宗させるつもりはない。あなたはあなたです。私は今それを言ったのに、なぜあなたの本を訳し始めたのか。率直に言えば、あなたを助けるためでした。しかしどのくらい私はこの生活を続けることが出来るか。自分の体の力がまだあるのか。ですから、私の場合には、精神上の生活は体にひどく影響を及ぼすのでたえられない。

また電話が来た後私は絶望しました。また、あの絶望に反抗しましたけれどもまた病気になりました。今もたえられないと思っています。将来の私の姿が全然見通せません。死ぬほうがいい。あの人は動機のない結婚について話したので、私はこのような世を去るつもりです。絶対に住みたくなくなりました。彼のためにあの気持ちに反抗して戯曲の問題について考えました。けれどもなぜあの拷問、なぜ、私はぜんぜん分からない。体と肉体を精神であんなに苦しめることはたまらない。誰も私はいやでした。とにかく昨日から、あの上演のことを考えてだんだん気分が悪くなりました。

私は絶対を求めました。けれどもこの世に絶対という信用、愛はない、私は信用して、愛して、しかしあなたの側は空虚でした。むしろ、この生活の便利なもの、それからあの便利なもの絶対のようなものだと言って守っている人だけでした。それは人間の生活だけだったら、人間の欠点であるので、この道を出るぐらいになりました。しかし、つらいですね。

この世を去ることになりました。姉さん君の運命……と言った。私は運命というものは死と思いました。あの時、西洋で運命は死の意味でしょうか。生まれてから死ぬまで。私はあなたに会いました。絶対に会いました。あなたの本を訳せるために私は舘氏の愛を断りました。その通りです。彼には私は絶対に会いませんでした。仕方がない。そう思います。むしろ構わない。絶対という人はいないので、この世を出ましょう。勇気を出しましょう。

しかし、『沈黙』（注3）という本が大好きになっただけに、何と辛いことでしょう。踏む、こわい、踏む、きらい。

『沈黙』の作者の誠意を信じています。とっても詳しく説明してくれましたこと、心から御礼申し上げます。

右まで。

あいつ野暮な者

遠藤周作様

（注1）一九六九年九月二十七日（土）、劇団雲により上演された戯曲『薔薇の館』（作・遠藤周作、演出、主演・芥川比呂志）を指しているものと推察される。
（注2）ジュンヌヴィエーヴは「三田文学」の特別寄稿に「危機」という小見出しでこのことを書いている。「フランソワーズがあるテレビ番組のなかで、ポールの姿を見たとき危機が発生した。（中略）それはゲストやゲストの家族のものに、くだらないことを喋らせる番組だった。遠藤が『道化役を演ずる』のを見ることは、妹には耐え難いことだった」。
（注3）『沈黙』の翻訳は二人の合意により決められた。「三田文学」にジュンヌヴィエーヴは一九六八年四月の妹からの手紙を次のように紹介している。「ポールの最新作の翻訳を真剣に始めました。去年の夏以来、彼は私にそれをすすめていたのです。私はためらいましたが、

万難を排して翻訳することに決めました」。

同じ原稿用紙に、フランソワーズが日本語で書いた別の文章がある。

あなたからの電話がこないなんて、なんとあまりにひどすぎるやり方。自分の都合のよいときだけ電話をかけるなんて、私は一生忘れられない。仕方がない。どこでも、仕方がない。でも、あなたの側でよく考えて下さい。

私は、日本に着いてから、いろいろな経験を通じて、だんだんと目がさめて、ずいぶんつらかったのでおねがいします。文学というものは大事に考えてほしい。あなたはそういう意味で純粋な作家になれば、私のずっと続く苦しい経験は無駄にはならないでしょう。

そうして、あなたは怒るはずである。けれども、私にはあなたが一番大切な、掛け替えのない人であるからです。

この前後と思われる時期の、フランソワーズの悲劇的で壮絶な日記の内容をジュンヌヴィエーヴは「三田文学」特別寄稿で次のように開示している。

「私は、母親が、絶望し、満たされない気持でいる子供を愛するように彼を愛している。幻想なしに、彼に責任を感じつつ……私は彼の人生を信じ、純粋で無垢な人生だと思っていた……今朝の電話は、私にとって短刀の一撃だった。彼が私を愛したのはもう過去のことだと知ること。それに、彼は何者だったろう。現に何者なのだろう。状況の避けがたい継続。これが結婚というもの、大部分の結婚の運命というものだ。しかし、私には語る権利がある。私は自分の人生で償ったのだ」

遠藤の結婚

一九五五年に遠藤は結婚したのにそのことをフランソワーズに告げなかった。フランソワーズが遠藤の結婚を知ったのは、画家の舘氏からの情報と、遠藤の親友の一人であった大出晃氏からの手紙による（一九五三年一月九日の遠藤とフランソワーズを見送る面々の中にこの二人の名前がある！）。立派なフランス語で書かれた、フランソワーズ宛の大出氏の手紙は私の手元にある。大出晃氏は、慶應義塾大学と創価大学の教授を歴任した高名な哲学者であり、二〇〇五年に逝去している。一九五二年よりソルボンヌ大学、アンリ・ポアンカレー研究所に在籍し、その後ベルギーのルーヴェン大学哲学研究所に移っている。

フランソワーズ様

拝啓

私はこの手紙をどのように書いてよいのかわかりません。私の最後のパリへの旅――昨年の十月――から、あなたのことをずっと考えていました。すべてをあなたに言うべきか、黙っているべきか、どちらを選ぶべきか、その都度困惑してまいりました。私は誰かの私事に関わることは好みません。しかし、今こそ、私が思っていることをあなたに言うべきときであると考えます。

ポールが結婚したということを聞いたのは、私のパリ滞在の最後の日でした。時間がなかったので、このことを誰に話すこともなく、その日の夜パリを発ちました。

私はポールは当然、このことをあなたに伝えたものと信じていました。もちろん彼にとって、そのことをあなたに話すのはたやすいことではなかったでしょう。でも、何はさておき、ポールはあなたに話すべきであったと思います。しかしながら、舘氏の手紙によると、彼はそうしなかった。今、私は遠藤への信頼をなくしました。そして彼を軽蔑しています。

ポールがどんな理由で日本で結婚したのか理解できません。しかしすべての最新の情報はそれを証明しています。ところで、あなたが遠藤から最近受け取った手紙に何か真実が書かれていますか？（私は少なくとも、もう二年は彼に手紙を書いていません）、彼の妻については何も知りません。彼が何も書かないということは、欺瞞であり、不誠実であり、不貞です。

特にあなたに対して！　不誠実な人間には、そのような手紙は書けないものです（舘氏の手紙からこのように判断しています）。

彼がカトリック信者で、掟を守る実践者であるならば（彼はそのように主張しています）、彼はあなたと結婚する以外の可能性はないはずです（少なくとも恐ろしい不安なしに、あるいはキリスト教徒の良心の呵責なしに）。この問題に対する彼の煮え切らない態度は私には我慢ならない。

フランソワーズ、あの日のことを思い出します。ポールと私があなたと出会った日。そこはジャン・ルイの部屋でした。私が考える以上に速くすべてが過ぎ去ってしまった。ある夕方、ポールが外出した後、偶然ジャン・ルイと会いました。そして喫茶店であなたのことを話しました。彼は寂しそうでした。

二年後、あなたは私の前に現れました。あなたは今もなおポールを信用している。私はある日舘氏にこう言いました。あなたはあなたの過去のすべてを報いたのだと。あなたが過ごしたこの三年間の人生は私を感動させます。すべてを知った今、私はあなたに何と言ったらよいのか？

もうポールのことを考えるのはやめなさい、フランソワーズ。彼はもうあなたのことなどなんとも思っていません。時間を無駄にしては駄目です。元気を出してください。そしてあなたの未来に向かって正面を向きましょう。私があなたに言える、これがすべてです。

あなたの未来に幸いがありますよう願っております。

敬具

一九五六年二月十二日　ルーヴェンにて

大出より

P.S.何か私に用向きがございましたら、お手紙ください。いつでもあなたのために馳せ参じます。復活祭のころにはパリにおります。四月十一日にマルセイユから出発する予定です。

舘氏と大出氏により遠藤の結婚という事実を知ったフランソワーズは、まさに地獄の底に突き落とされてしまった。そのときの悲痛な叫びは尋常な人間には推し量ることはできない（この恐るべきショックによりホルモンの異常が始まり、体調がすぐれなくなった）。このとき優しい言葉をかけ、相談に乗ったのが舘氏であった。妻子を日本に残してパリに遊学していた貧乏画家の舘氏は、最終的にはフランソワーズを恋の対象として見るようになった。

舘氏の慰めはフランソワーズにとって心の支えとなったことであろう。そのうち、フランソワーズは舘氏のアトリエを仕事場として利用するようになる。舘氏の所に行けば、憧れの日本を感じることができる、日本の話もしてもらえる。後日、舘氏が日本で個展を開くときには、フランソワーズとジュンヌヴィエーヴ姉妹はその帰国費用まで負担している。

一九五九年十一月十六日、パリを訪れていた遠藤は、舘氏のアトリエを訪れている。そのとき遠藤はフランソワーズのパントフル（部屋履き）が置かれてあるのに気づき、驚く。舘氏は遠藤とのこの再会のすぐ後、フランソワーズに手紙を書いている。そこには遠藤に対する痛烈な言葉が並んでいる。満七年ぶりに再会した遠藤のことを、「USOTSUKI (Mentir), HORAFUKI (Soufffleur de conque)」と書いて非難している。

この後、十一月二十三日に遠藤は再び舘氏と会い、食事を一緒にする。そのとき、遠藤は舘氏からフランソワーズ・パストルと結婚したいという意向を聞き、驚愕する。そして年が明けた一月九日土曜日、ついに遠藤はフランソワーズと再会する。（以下、『遠藤周作全日記』（河出書房新社）より）

一月九日（土）
B. Michel（サン・ミッシェル大通り）にて午後二時、C. Dupont（C・デュポン）にて八年ぶりに Françoise Pastre（フランソワーズ・パストル）に会う。Sans mots. Sans mots. Sans mots.（言葉がなく、言葉がない）
シャトレの Café に行き、それより Pissa にて食事をなし、Jean Jeunet（ジャン・ジュネ）の芝居を見る。"Les Négres"（『黒人たち』）、全くのダ作、言うことなし。Françoise Pastre は Kléber（クレベール）のちかく Victor Hugo（ヴィクトル・ユゴー通り）に住んでいたのでである。

一月十日（日）

午後五時半、ふたたび Françoise に会う。

B. Michel の R. chinois（中華レストラン）で食事。それより Trocadéro（トロカデロ）の café にて長くしゃべる。

彼女の部屋に行く。en larmes（涙があふれる）。午前一時、ホテルに戻る。

フランソワーズへの裏切り、そして彼女の心がまだ一途に遠藤を慕っていることを知り、遠藤はただ涙しかなかったのである。そしてかたや舘氏からは「フランソワーズと結婚をしたい」という気持ちを聞かされ、それはもう喜劇でしかなかったはずである。一月二十二日の日記にはこう記されている。「タテと夜、激しい口論をする。彼は私に嫉妬している」。このように二人は口論し、お互いを傷付けあった。

舘氏のフランソワーズへの厚い友情が恋愛の情に変わったのはいつころであろうか？　少なくともジュンヌヴィエーヴは、最後まで舘氏はフランソワーズのよき友人と考えていた。しかし残された舘氏からの大量の手紙を見る限り、単なる友情でないことは明らかであり、フランソワーズはそれを一番知っていたはずである。遠藤へのフランソワーズの手紙には、「私は舘氏の愛を断りました」と明確に述べている。また、フランソワーズが北大に着任してからジュンヌヴィエーヴとやり取りした手紙の中でも、舘氏の男らしくない性格にあきれている。フランソワーズが舘氏のアトリエに出入りしたのは、あくまで「共同生活」であり、「同棲」のためではなかった。そして舘氏のフランソワーズへの後半の手紙にはフランス語で「私はついにあなたを一度も抱けなかった」と、はっきりと書いてある。

フランソワーズが一九七一年四月三日に亡くなってから、ヴィルヌーヴ＝レザヴィニヨンの長姉宅に舘氏の弔文の手紙が届いたのは四月二十日であった。

第二部　フランソワーズ・パストルその生涯

東京にて（1968 年）

第1章　終焉の地　ヴィルヌーヴ＝レザヴィニョン

ローヌ河の向かいの、「アヴィニョンの橋」を見下ろす位置に、ヴィルヌーヴ＝レザヴィニョン（Villeneuve-lès-Avignon）という町がある。その昔、法王庁の動きを監視するために作られた町である。今では大都市アヴィニョンのベッドタウンの色彩が強い、緑に囲まれた静かな佇まいの城下町である。その砦に登ればローヌ河から一千年の河風が吹き抜けていく。

ヴィルヌーヴ＝レザヴィニョンの砦はサン・アンドレと呼ばれる。小さな城塞の中にはノートルダム・ド・バルベゼットと付属修道院がある。その庭からはローヌ河を挟み正面に法王庁の威容が見下ろせる。少し北方に目をやれば、プロヴァンスの最高峰であるモン・ヴァントゥが柔らかい裾野を拡げて霞んでいる。この砦の唯一の出入口である南門を出てヴィルヌーヴ＝レザヴィニョンの街に向かう道は右手に下っていく。その道を道なりに下りていくとやがてジャン・ジョレス広場に出る。小さな広場だがこの町では一番大きな空間である。ときどき酔っぱらった老人

友人（右）とサン・アンドレの砦を望む（1970年11月）

たちが屯していたりする。
その広場から石畳のリパブリック通りを横切り、一方通行のカン・ド・バスティーユ通りに入る。やがて右手に大きな墓地の塀が現れる。重々しい鉄の扉を開き、墓地の中に入ると、十字架の軍団を守るようにたくさんの糸杉が塀の内側に沿って植えられてある。この墓地からはさきほどのサン・アンドレの丘がすぐ手に取るように望まれる。プロヴァンスの青空に悠久の雲が流れていく。

ここに一人の女性が眠っている。名前をフランソワーズ・パストルと言う。彼女は二度来日している。一度目は一九六五年に観光旅行で、二度目は大学のフランス語講師として。一九六六年より六八年までは北海道大学で、一九六八年から七〇年までは獨協大学で教鞭をとった。日本での最初の教え子の一人であった私は、哲学高等研究免状（ディプローム・デチュード・シュペリユール）まで取った彼女が、なぜ日本という東洋の果てにやって来たのか最後まで理解できなかった。なぜなら彼女の高度な知性と教養は、決して日本の大学の教養課程を教えるレベルのものではないことは誰の目にも明らかであった。しかし彼女はそれを深く説明することはなく、いつも我々を軽くはぐらかしていた。在日の後半になって彼女は病を得て二度の手術ののち帰国し、四十一歳の若さで母国で亡くなった。今は長姉の嫁ぎ先であるこのヴィルヌーヴ＝レザヴィニョンの町の墓地で永遠の眠りについている。その墓石には日本語で「フランソワーズ・パストル」と揮毫が彫られてある。彼女のよき理解者であった獨協大学の上司、故市原豊太先生の筆によるものである。

森有正の著書『パリだより』（筑摩書房）に次のような文章がある。

もう十数年も前、パリの国立東洋語学校で教えている時、一人の女子学生がいたが、またその生徒については先の方で言及する機会が必ずあると思うが、その人は日本に来てフランス語を教えていたが病を得て帰国し、死亡した。

その人の義兄にあたる人が作曲家兼ピアニストで、ある地方のコンセルヴァトワールの教授をしている。時たま泊りがけで彼の処に出かけることがあるが、そういう時はピアノをたくさん奏いて聴かせてくれる。娘（注）がピアノとクラブサン（ハープシコード）をやっているので、ある時連れていくと、彼はバッハをたくさん聴かせてくれた上、娘にテクニックを十分組織するように話し、「ベートーヴェンの何が奏ける、モーツアルトの何が奏ける、というようなことは水の上の泡のようにはかないことなのだ、自分の手の中に強靭な技術《テクニック》の網の目が組織され、それを自分で支配できるようになることが眼目なのだ」と語ってくれた。

（注）森有正の次女、聡子《としこ》。フランソワーズは森有正の依頼で彼女のフランス語の家庭教師をしていた。彼女は晩年、ジュンヌヴィエーヴ家の近くに住み、二人は親しく交流していた。しかし一九九九年自宅で自死する。五十三歳であった。

フランソワーズは東洋語学校を一九六四年に卒業した。そのとき日本語学科には三人の学生しかいなかった。フランソワーズ宛の森有正の手紙のいくつかが次姉ジュンヌヴィエーヴの家族により大切に保管されている。森有正は、「その生徒については先の方で言及する機会が必ずある」と書いているが、『パリだより』が出版された翌々年の一九七六年十月十八日、フランソワーズについて筆をとることなく、六十四歳でパリのサン・ペトリエール病院で客死した。

『パリだより』に書かれた義兄とは長姉カトリーヌのご主人で、アヴィニョンのコンセルヴァトワールの教授であったイヴ＝マリー・ブリュエル氏である（以下、ブリュエル氏と表記。それ以外の家族は原則ファーストネームで呼称する）。ブリュエル氏は退官後も精力的に各地に演奏旅行を重ねていたが、惜しくも二〇〇六年に他界した。ブリュエル氏はまったくの純粋無垢な典型的な芸術家であった。花を愛し、人を愛し、温厚なその人柄はまるで神父のようであった。また写真撮影も玄人肌で、フランソワーズが亡くなる一か月前に撮った写真（装幀及び第一部扉に掲載）は、十七世紀のジョルジュ・ド・ラ・トゥールの絵画のように研ぎ澄まされた神秘性に時が永遠に静止している。俯いた彼女の横顔には、人の諦念と悲しみが神々しく輝いている。

アヴィニョンの高校の文学の先生をしていたカトリーヌは、定年退職の後、静かな余生を送っていたが、二〇一五年に天に召された。カトリーヌは三姉妹の中では傑出した美人であった。若かりしころの彼女の写真を見ると、映画俳優のように煌びやかでかつ上品である。

第2章　札幌の雪

札幌は小雪であった。歩を運ぶたび、私の長靴がキュッ、キュッと鳴く。一月の雪は固い。吹雪ともなれば、地上のあらゆるものが小さな六角形の結晶で埋め尽くされる。その白い化身は地表から無限に湧きあがり、天空を舞い、人々の視界を蹂躙し、縦横無尽に乱舞する。そんな吹雪のあった翌日、大学生だった私は、二人の外国人とともに太黒マチルド先生を訪ねた。

マチルド先生は知る人ぞ知る、北海道のフランス語普及に数十年にわたり貢献したパリジェンヌである。第二次大戦よりも遥か以前、十九歳のマチルド先生は若い日本人の医学生に伴われ日本にやって来た。広島県の田舎の島で結婚式をあげ（島にいるあいだすべての島民が毎日毎日生まれて初めての〈外人〉を見るために黒山のように押しかけた）、その後ご主人の勤務地である札幌に転居する。それから長い日本での暮らしが始まる。

二十年ほど前、現在パリ在住でフランソワーズの北大の後任講師としてフランスから着任したデュプレ先生と、数年前故人となられた名古屋大学名誉教授の白井成雄先生（注）とともにパリのセーヌ川の畔を歩いているとき、デュプレ先生が意外なことを教えてくれた。「あの古い建物のオーナーの娘がマチルドさんでした。そのアパルトマンに下宿していた若き日の太黒薫博士とマチルドさんはあの場所で恋に落ち、ロマンスが始まったのです」。

ある雑誌に山内昌之氏が北海道大学時代の憧れのパリジェンヌとしてマチルド先生の思い出を掲載していた。楚々とした気品のある、それでいて華やいだ雰囲気の（とくに後ろ姿は何歳になられても凛々しいものがあった）マチルド先生のことを、「慈母のような笑顔でフランス語で語りかけるマチルド講師に対して、内気な少年少女たちは微笑むばかりでほとんど話を交わせなかったのだ」と述懐している。

（注）北大勤務時代にフランス政府給費留学生としてフランスに留学。パリ滞在中、フランソワーズを北大に呼ぶために尽力した。訳書に『1941～パリの尋ね人』『さびしい宝石』（いずれもパトリック・モディアノ著）他多数。

一九六六年冬、雪の晴れたこの日、私が太黒マチルド先生宅に連れていった二人の外国人女性は、なんとも奇異な取り合わせであった。一人はフランスから着任したばかりの生粋のフランス人のフランソワーズ。もう一人は知人の紹介で面倒をみることになったハイチ人のエルミン。その当時札幌にあったハイチ料理のレストランのウエイトレスとしてはるばるハイチから呼ばれた女性であった。一メートル八〇センチを越える背丈があり、まだ二十歳代の若々しい肉体ははちきれんばかりであった。エルミンを通じて、それまでハイチもタヒチも区別ができなかった私が（どちらもフランス語が公用語ではある）、カリブ海に浮かぶこの美しい島国について相当の知識を

北海道大学構内にて（1967 年）

得ることになった。

マチルド先生宅で四人（マチルド、フランソワーズ、エルミン、そして私）がフランス語でどのような会話を交わしたのか今ではまったく思い出せないが、帰り際玄関でエルミンの長い長いブーツに、これまた長い彼女の脚がなかなか納まらなくて一騒動したことだけはよく覚えている。そもそもこの二人をマチルド先生宅に案内することになったのは、丸井今井デパートで開かれた「坂本繁二郎展」で、私が教養部時代の最初のフランス語の先生であったマチルド先生とバッタリと出くわしたことによる。マチルド先生と坂本繁二郎の「月光」のことなどを話しているうちに、今度友人になったハイチ人がフランス語の話せる人がほとんど札幌にはいなくて淋しい思いをしている、ついては着任したばかりのパストル先生ともどもお宅を訪問してよろしいかと打診したからであった。フランソワーズにしてみれば、北大のフランス語研究会の会長であった私の呼びかけに、なんとなく付き合ってくれたのであろう。ところが一緒に行く友人というのが、フランス語圏とはいえ中南米のカリブ海の国からのお客と聞いてさぞや驚いたことであろう。しかも、フランスの教養とは無縁な、むしろ心情的にはヤンキー娘に近いエルミンを間近に見て、速やかに退散したい気持ちになったのではなかろうか。

雪の札幌はフランソワーズにとっては難儀な季節であった。招聘先として日本の文部省から北海道大学と広島大学を推薦された。フランソワーズは緯度がパリほど北ではないがそれに近い札幌の北海道大学を躊躇うことなく選んだ。ところが一年のうち半年も雪に埋もれ、温度もパリより遥かに低い都市であるとは知らなかった。厚手の縞のオーバーコートに赤いマフラーで顔を隠し、それでいて目だけはギョロリと大きく見開いて、深い根雪の道を歩いてくるフランソワーズの姿をよく見かけたものであった。

彼女が住んでいた外人官舎は庭付きの一軒家であったが、数軒並ぶこれらの官舎は、大学構内でも最も古い建物で有名であった（隣の官舎にはドイツ人が住んでいた）。したがって雨漏りがしたり、隙間風が吹き抜けたり、住むには快適とは言えなかった。また世事には無頓着な彼女は、いろいろ失敗談も多かった。風呂の水を一日中出しっぱなしにして、家の中が水浸しになる事件もあった。二度目の長い冬を迎えるにあたり、彼女は東京の大学に移ることを考えていた。もちろん、そこには遠藤周作が住んでいる。フランソワーズは来日以来、何度か遠藤と食事を一緒にしている。最後の食事は一九七〇年四月十四日である（「三田文学」二〇二一年秋季号）。このとき、フランソワーズはまさに乳癌の手術直前であった。

私は数年前、何十年かぶりでその外人官舎を訪ねてみた。北大病院の手前の北十一条あたりを左に折れると外人官舎が並んでいたはずである（当時の住所録によるとフランソワーズの住所は、札幌市北十一条西五丁目とある）。ところが、そのあたりは完全に更地になっていた。あの各官舎を色濃く覆っていた木々もまばらになっている。官舎は取り払われ整地がなされていたのである。私は淋しくその空間に向かってシャッターを押すしかなすすべがなかった。

フランソワーズの来日二年目の冬に、札幌冬季五輪に向けたフランス視察団がやって来た。駐日フランス大使館の主催で彼らを激励するレセプションが開催され、フランソワーズも招待された。こういったパーティーが苦手であったフランソワーズは渋々付き合いで出かけた。数日後、激励会はどうだったかと私が尋ねたら、ああいったスポーツ選手団とはどうも話が合わないので、というような答えが返ってきた。そのころであったろうか、一時帰国した森有正とフランソワーズは東京で再会した。そして、久しぶりで森先生に会えた悦びをフランソワーズは私にあつく語ってくれた。

一九七六年六月四日、私と私の家族はアヴィニョンの駅頭にいた。小さな二人の娘は疲れ切っていた。ブリュッセルのザベンテム空港をサベナ航空で早朝に発ち、オルリーでフランスの国内線に乗り換え（乗り換えに何時間も待たされた）、やっとマルセイユ空港に到着した。それからすぐにタクシーに乗り換え、一気にアヴィニョンに向かった。そしてアヴィニョンに到着後、古ぼけた駅舎の前の電話ボックスから、長姉カトリーヌ宅に電話をかけたが、誰も出ない。五時近くなってやっとカトリーヌが電話に出る。「え！　もう着いたの？　なに、マルセイユからタクシーで来たんですって！」と驚かれる。まさか我々がマルセイユから電車でなく、タクシーで来るとは予想もしていなかったのだ。「主人がもうすぐ車で迎えに行きますからね」と言われたが、いくら待っても誰も来ない。疲れ果てた東洋人の家族がアヴィニョンの駅頭で長いあいだうずくまっている姿は、きっとアジアからの難民に思われたことであろう。

ご主人のブリュエル氏がやっとドゥ・シュボー車で現れ、我々を自宅まで連れていってくれた。そのころにはもうあたりは真っ暗であった。カトリーヌ夫妻、末娘のアンヌ、ブリュエル氏の母上のガブリエル、そして我々東洋人の家族四人、皆が一堂に会し夕食が始まった。すでに時計の針は八時を大きく回っていた。カトリーヌとブリュエル氏の心遣いはきわめて細やかであった。我々はフランソワーズが最後まで住み、亡くなった部屋に案内された。ベッドのそばのフランソワーズが座っていたであろう椅子に座ると、窓からはサクランボと松の木が見えた。

ここにフランソワーズからもらった最後の長い手紙がある。五枚の便箋にビッシリと書かれ、それでも足りなくて五枚目は最後の文章が欄外にはみ出している。一九七〇年十月二十三日の日付がある。この手紙はまさに我々が到着したブリュエル氏の家で書かれたものである。

拝啓

あなたのお便りに感謝します。この便りは私を、日本へのはやる気持ちに駆り立てます。

デュプレ先生のインタヴューの新聞記事もありがとう。病気による忌々しい苦痛が原因であなたへの返事が書けなかったことを申し訳なく思います。しかし返事が書けなかったのはまったく馬鹿げたことが理由です。私はあなたの住所を紛失してしまったのです。フランスに出発する前に、砧のアパートを引き払うとき、あなたの住所をどこかにやってしまったのです。今考えると、三井銀行〔筆者の当時の勤務先〕に送れば済むことでした……申し訳ありません。

　私の健康については気遣っていただかなくても大丈夫です。単なる座骨神経痛で、二週間ほど床に伏していましたが、今はもう快方に向かっています！　必ず日本に帰ります。十月十五日にははっきりと決めました。事実、からだに大きな問題はありません（背骨の椎間板の取り替えで済むことです）。アヴィニョンで、あと一か月静養して、その後できればパリに行きたい。こういった状況で、獨協大学が来年春まで休暇を許可してくれたので、私は元気になるための十分な時間があるのです。

　病気という不快な状況にうんざりしていましたが、この経験は私を大いに前進させてくれました。すなわち、私の日本語は大変上達したのです（外国語を学ぶために一か月もの間、日本の病院の相部屋で外国人と過ごしたからです！）。そして私は日本人の親切さと、深い愛情に裏打ちされた連帯感を知りました。そして結論に達したのです！　これ以上ないほど気力に満ちています。私には今や一つの望みしかありません。それは日本に帰ること、中断している獨協大学の講義を再開すること、再び働き始めること、一〇〇％日本での生活を始めることです。

現在私は、ヴィルヌーヴ＝レザヴィニョンの長姉の家で世話になっています。四年間の空白の後のフランスとの関わりは、いともたやすく、まるで奇跡のようです（羽田を午前十一時三十分に発ち、時差の関係で、なんとその日の夕方の六時三十分にはオルリーに到着したのです！）。

家族のもとに〈帰ってきた〉、それは（あなたもご存じのように、聖書の中の）放蕩息子の帰還のようです。帰国して二か月以上、私は大事にされ、甘やかされ、病人扱いされてきました。しかしながら、私の精神は眠っていたわけではありません。私は、（所謂、私のダイナミズムにより）元気を取り戻しました。そしてフランスと日本のコントラストについて考えました。それはまるで他の惑星ではないかと思えるほどの違いです。例えば、漢字を持たないフランス語は、まるで単純な子供のように見え、味のない抽象のようであり、大衆の遊びのようであり、砂漠のようであり、過剰な贅沢品のようでもあります。小さな窓に囲まれたパリ郊外の別荘や、石の家。それらは近視眼的な、フランス人の小ブルジョワたちや個人主義者たちの弾丸と溜め息のシンボルです。ところで、フランスに帰ってきて唯一よかったと思うことは、あの偽善者たち（les blattes［ゴキブリ］）がいないことです。私が住んだ、東京の野沢のアパートでも、次の砧のアパートでも、そして友人たちの家でも、あの偽善者たちはいつでも神出鬼没でした‼

しかし、自分の国と比較した外国の印象に私は溺れているわけではありません。それはどこかで結びついている。遠いと感じなくともそれらとの関わりはやさしく危険な安易さを秘めている。より正確に言えば、私はこの世界とある親交を持っていると認識している。しかし、さらに言えば、私が言おうとしていることを話し言葉で、しかもフランス語で話すなら、日本について常に考慮しなければならない。なぜなら、永久に続く質問なしには、私は生きることができない。そして私は現在を受容する（すなわち、私はあるがままのものを受け入れなければならないと信じている）。

くどくどとこれまでの印象を述べて、一方的にあなたを聞き手にしてしまって申し訳ありません。これは私の友愛の証と受け取ってください。

結論を急ぎましょう。自分のことについてあまりに話しすぎましたが、私はあなたからの便りに満足しています（あなたの大胆な車の運転に万歳！）。そしてあなたがフランスに来ることを決めたと聞いて喜んでいます。あなたの札幌での暮らしは大いに肥やしになることでしょう。あなたが成功することを確信しています。

札幌のことを思い出します。今は冬支度の季節ですね。あなたは相変わらず頑張っているものと思います。しかし、ご存じの通り、あなたたちのお陰で私は札幌について悪い印象はありません。平野女史や、横山氏、高島氏は入院先の東京の病院にお見舞いに来てくれました！東京を発つ前にあなたと会えなかったことを残念に思っています。私が日本に帰ったときには、たぶん、またすぐに再会できるでしょう。そして、今回、フランスに帰国して以来、隈なく訪れたプロヴァンスについても話すことができるでしょう（現在、アヴィニョンで二つの絵画展が開催されています。一つはピカソですが、これはなんの芸術的価値もない嫌悪すべきポルノ（!）です。もう一つはヴァザレリーで、こちらは議論に値します）。

もっと私のからだがよくなったら、パリに上京して、次姉［ジュンヌヴィエーヴ］の家に滞在したいと考えています。冬にはやるべきことがたくさんあります。観劇、映画、講演、日本に帰国するにあたっての討論、やるべきことで満ちています。そして次回は、日本には少なくとも三年はいたいと考えています……いやもっと長く？？？

どうぞお仕事頑張ってください。

敬具

あなたの先生　F・パストルより

P.S. 丁寧に書こうと努力したのですが、乱筆になったことお許しください。

（［ ］は筆者が付記）

この手紙が書かれた五か月後の一九七一年四月三日、フランソワーズは四十一歳の短い生涯を終えた。後日、フランソワーズの死を知った遠藤周作からパリのジュンヌヴィエーヴ宛に分厚いエアメールが届いたが、ジュンヌヴィエーヴはそれを開封することなく破り捨てた。

第3章　遠藤周作『ルーアンの丘』

［一九五三年］一月八日（木）

この日はぼくの生涯にとって決定的な日であった。それは明日ぼくが断腸の思いで巴里を去ると言うからだけではなかった。

八日、この日、朝病院を出、アレクサンドルと一緒にサンミッシェルのデュポン珈琲店に行った。フランソワーズはぼくが昨日貸したノートを読みながら待っていた……

遠藤周作の『ルーアンの丘』の最終章「フランソワーズ」の書き出しである。『ルーアンの丘』の中に最初にフランソワーズの名前が現れるのは、前年一九五二年の十月八日（水）である。「午後、ジャン・ルイの所。バスティーユでおりて少し河岸を歩いて折れたアルスナル街に彼は部屋を借りていた。（中略）彼としばらく雑談している時、彼の婚約者フランソワーズがやって来た」。次にフランソワーズが現れるのは十一月十六日（日）、「我々のグループの最初の集会。ジャン・ルイ、フランソワーズ、クロード、アレクサンドル、ジャック・モンジェ（パリ高等師範学校の学生）来る」。次は十二月三日（水）、「グループのフランソワーズの家で集会」。

それまで「他人」として記述されていたフランソワーズが、にわかに「特別なひと」となるのは十二月三十日（火）である。「フランソワーズ……、ぼくはお前にいつかまたこの国に来る約束をした……そしておまえとアフリカと印度に旅する約束をした。いつかその日がくるだろう」。いったいこの日、二人のあいだに何があったのだろうか。

一月に入ると、急速にフランソワーズの名前が増える。「フランソワーズが来た。ジャン・ルイとの関係は悪化しているといった。彼女はなんのために来るのか……、ぼくは彼女に、ぼくの肺の小さなしみがぼくに与えた十二月五日の印象を語った。彼女は黙ってきいていた。八時の面会終了時間までぼくたちはぼくらの将来が一緒に交わる計画をした。ぼくは病気がよくなったら、外国に彼女を連れて行こう。一階の入口で、ぼくは彼女の肩をだき接吻した……彼女はうしろをむくと、あたかも何もなかったように帰っていった」。

「フランソワーズはやっぱり来た。赤いショールを無造作に肩にまとって。（中略）今日の彼女は一昨日の彼女ではなかった。あの大きな眼はキラキラと光っていた。（中略）彼女はジャン・ルイとの関係が終わった事をぼくに語った……ぼくはその刹那《せつな》、自分がフランソワーズを愛していることをはっきりと知った」。そして運命の一月八日がやって来る。

デュポン珈琲店で落ち合った二人は、そのあとキャフェ・リラに行く。そこで交わされた会話を思い出しながら遠藤は次のように書いている。「そのあとの言葉をぼくは覚えていない。ぼくの覚えているのは、ぼくが彼女に結婚を申し込んだことだ」。

フランソワーズは「本気でそういうの、ポール」と聞く。遠藤は「本気だとも」と答える。フランソワーズは遠藤の手を握りしめる。「こうしてぼくの運命は決まった。ぼく等はキャフェ・リラを出、シテに行く間の車でぼくとフランソワーズは抱きあったまま、じっとしていた」。

この二人の愛の始まりは、翌日のパリ出発へと連なるのであるが、それは数日後には遠藤がマルセイユから遠く地球の裏側に出立するという確実な悲劇の進行でもあった。


何度目のヴィルヌーヴ＝レザヴィニョンへの訪問であったろうか。私は一九七六年の最初のプロヴァンス訪問のとき、ブリュエル氏に車で案内された同じ道を、自分の車で辿ってみた。その道は、日本から療養のため帰国していたフランソワーズが、ブリュエル氏の車でフランス人の親友とともに訪れたコースであった。

レ・ボー（Les BAUS-DE-PROVENCE）への道は限りなく澄んだ青空であった。あれだけたびたび訪れたプロヴァンスだが、私はプロヴァンスで青空以外の空を見たことがない。アルプス山脈からの強風ミストラルにも遭遇したことがない。ローヌ河の下流のプチット・クロー平野をしばらく南下すると、サン・レミ・ド・プロヴァンスの町に出る。大きなプラタナスが日陰を作る、ゴッホのいた町としても知られている。この町を通り抜け、アルピーユ山脈へと向かう。少しずつ山道は上りとなる。上りきった小さな峠を越えると忽然とレ・ボーの異景が現れる。石灰岩の白い岩肌が山塊をなしている奇岩の連続である。

このプロヴァンスの景観を、フランソワーズもこの峠から息を呑んで見下ろしたことであろう。地獄谷という小さな集落に沿って下りていくと、廃墟となった古い要塞が目の前に立ちはだかる。十一世紀より始まったレ・ボーの領主たちの繁栄の残骸がそこにはある。最終的には一六三二年に枢機卿リシュリーにより城と城壁を破壊され今日にいたっている。その廃墟の一番高所であるパラヴェルの塔に登れば、アルル、カマルグ、ローヌ渓谷、セヴァンヌ山脈、サント・ヴィクトワール山、リュブロン山脈、モン・ヴァントゥと三百六十度のパノラマが楽しめる。

レ・ボーの北部には巨大な採石場跡がある。ローマ時代より、主に彫刻用の定型の巨石塊が切り取られてきた。その洞窟は迷路のように奥深く続いており、現在は「カテドラル・ディマージュ」として芸術的な映像のスペースとなっている。一九九七年の五月に私は二十一年ぶりにこの洞窟を再訪した。入口左の大きな石の壁には、訪れた観光客による落書きが何重にも刻まれている。念のために二十一年前に刻んだ自分の落書きがまだ残っていないか確かめてみたが、残念ながらそんな日本語は見当たらなかった。たぶん何年かおきにその壁は磨きなおされるのであろう。

ここで次姉ジュンヌヴィエーヴが前掲「三田文学」に特別寄稿した、「妹フランソワーズと遠藤周作」を改めてひもといてみよう。

こんなわけだから、フランソワーズが、ポール・遠藤と出会ったときも、私はすぐさまそれを知った。フランソワーズは、ポールの友人らとともに、大学都市の病院で遠藤と出会った。そしてどちらも消し難い印象をただちに受けたのである。じっさい私は、妹が、人が変わったようになり、なごやかになり、楽観的になり、要するに幸福そうになったと思った。こんな風になった妹をそれまで見たことがなかった。（中略）

妹がポールと出会ったとき、彼女は二十二歳だった。彼女は愛し、愛された。この愛情はただちに生じたもので、相互的で、素朴なものだった。そして真面目なものだった。なぜなら幸福は人を真面目にするから。今この文章を書いている瞬間にも、私は、たちまち妹から輝き出した肉体的、精神的穏やかさをはっきりと感じる。彼は二十九歳で、妹よりも七歳年長だった。彼らの人生はいまだ春秋に富んでいた。（中略）

別れの前の最後の時や、マルセイユへの旅行について妹は私に打ち明けてくれた。フランソワーズから聞いた話と（『ルーアンの丘』の内容を）比較しつつ、ポールの語るところについてとやかく言うつもりはない。ポールの話はかなり正確ではあるのだが、川端康成ふうの美的意図が感じられる。ぼかしたり、注意深く解釈し直したりした様子も感じられる。彼が本当の意味で妹に求婚し、二人して将来の計画をたてたということが肝心なのだ。

レ・ボーをそのまま下り右手に折れると、ドーデの風車小屋を経由してアルルに至る。左手に折れればマルセイユへと繋がる「太陽道路」に出る。私はレ・ボーから引き返し再びサン・レミ・ド・プロヴァンスの街を通り抜け国道九九号線へと入り、カヴァイヨンに向かった。この道は数えきれないほど通った道である。国道の両側にはプラタナスの巨木がどこまでも厚い樹木の並木をなしている。その緑のトンネルの中を木漏れ日を浴びながら走る爽快さはこの世のものとも思えない。時々、プラタナスの巨木のあいだからコクリコ（ひなげし）の赤い絨毯が唐突に現れては消えてゆく。

国道九九号線はデュランス川を渡りカヴァイヨンで終わる。デュランス川はギー・ベアールの歌「川は呼んでる」で知られるローヌ河の支流である。カヴァイヨンをさらに北上するとヴォクリューズの泉に至る。ヴォクリューズの泉は不思議な泉である。巨大な断崖の真下から湧き出る水は独特の緑色をしている。昔、この泉の奥深くクストー探検隊が潜行したが、その未知の深淵に行方不明者を出している。また、ヴォクリューズの泉は十四世紀の詩人ペトラルカの隠棲の地としてよく知られている。一三二七年四月六日の、アヴィニョンの教会での絶世の美女ラウラとの出会いはあまりにも有名である。

さらに北上すると、やがてモン・ヴァントゥの麓の町ヴェゾン・ラ・ロメーヌに至る。文字通り「ローマの町ヴェゾン」である。スペインの町で言えばメリーダであろう。今ある街の下にはそのままローマ時代の街が眠っている。フランソワーズもこの町を訪れている。古代劇場跡の最上階よりローマの遺跡を見下ろしたことであろう。その向こうにはウヴェーズ川を隔てオート・

ヴィルの高台に、打ち捨てられた中世の城塞が見える。眼下のヴェゾン・ラ・ロメーヌのローマ時代の邸宅はイタリアのポンペイのものよりも遥かに広壮である。近くにはハドリアヌス帝とその妻サビーナの像が立っている。

再びジュンヌヴィエーヴの言葉（前掲「妹フランソワーズと遠藤周作」より）。

彼女（フランソワーズ）は一九七〇年の春病気が抜きさしならないものとなり、最も親しい友人であった獨協大学の同僚にそのことを打ち明けた。彼女は診断を受けなければならなかった。緊急に手術がなされたが、すでに手遅れであった。手術は二度行われたがもはやなす術がなかった。

東京で教鞭をとっていたフランス人の友人からの連絡により、私はすぐさま日本にやって来た。それは彼女の二度目の手術の直後であった。日仏の文化交流関係者はみな彼女の病気のことを知っていたが（領事は彼女のために病院へ花束を届けてくれた）、多くの者は彼女の気持ちの波に気がついていた。何人かの人々はその相手が遠藤であることもたぶん知っていた。そして遠藤は一度も病院には来ず、上述の友人のところにも来ず、空港にも姿を見せず、彼女がパリの我が家にいたときも、その家族が実に献身的に彼女を看病してくれた長姉の家にいたときも、遠藤は終にフランソワーズに会いには来なかった。彼は現れることなく、フラ

ンソワーズは死んでいった。（中略）

　結論を出さねばならない。この短いエッセーのなかで、例外的な能力をもった一人の女性が、聡明な一人の男性と結ばれてそして対決したという事実以上のことを説明することは不可能であることは明らかである。その男性もまた例外的な能力を有しており、彼の言葉を彼女は信じたのだが、彼の最初の過ちは彼女を裏切ったこと、しかし第二の過ちは、たぶんもっと重大なことであるが、そのことを彼女に告白する勇気をもたなかったことである。もしそうしていれば彼女は自由に生きることができ、この愛を断念し、責任をとり、前向きの生き方を選択し、自らの人生を創造することができたであろう。

長姉宅近くよりモン・ヴァントゥを望む

　ヴェゾン・ラ・ロメーヌからモン・ヴァントゥへと向かう。やがて県道九七四号線へと入る。この道も私の好きな街道の一つである。国道九九号線と同じようにプラタナスの緑のトンネルが続く。ただし、山に向かって登ってゆくため相当に曲がりくねっている。ヴェゾン・ラ・ロメーヌを訪れたフランソワーズは、モン・ヴァントゥまでは足を延ばしていない。海と高原を愛したフランソワーズだが、山登りには興味を示していなかった。

プロヴァンスの最高峰モン・ヴァントゥ（一九〇九メートル）の山頂は、すでに高山植物の世界だった。モン・ヴァントゥは「風の山」の名の通り、まさに強風の中にある。北からはアルプスを吹き抜けた冷たい風が、南からはサハラ砂漠を越えてきた烈風がやって来る。見渡せば、カルパントラ平野、ヴォクリューズ山地、ペルヴェー山塊からセヴェンヌ地方、リュブロン山脈、サント・ヴィクトワール山、ローヌ河流域、遠くピレネー山脈や地中海までも遠望できる。それはレ・ボーのパラヴェルの塔の景色よりもさらに上空からの俯瞰であった。山頂の強力な紫外線と、太陽の強い光にあたっていると、プロヴァンスが南国であることが改めて認識される。

第4章　国境の町のアパルトマン

二〇〇三年二月、ユーロスターでロンドンから到着したパリも曇り空であった。タクシーを拾ってモンマルトル近くの定宿に向かう。日本人客などまず泊まらない場末のホテルである。遥か昔、ブリュッセルの旅行会社から勧められた宿である。それ以来、私のパリの定宿になっている。オーナーは優しそうなご主人とスペイン出身のしっかり者の奥さんであった。実に家庭的な雰囲気のホテルで、とくに朝食のパンは美味しかった。

今回もノートルダム・ド・ロレット通りから、三日月型の一方通行のラフェリエール通りへと入り、目立たないホテルの入口に到着した。中に入るとなんとなくいつもと様子が違う。受付にも見慣れない女性が座っている。「ボンジュール」と挨拶すると女性は少しとまどいながら「グッドモーニング」と答える。「なんだか以前と様子が変わったみたいですね」と言うと、以前とはいつのことかとようやくフランス語になった彼女が私に質問した。たしか、五～六年前だと答えると、ああこのホテルは三年前に私たちが買い取りましたから、との返答。そうか！　あの老夫婦もついにこのホテルを売って隠居してしまったのか。たぶん奥さんの故郷のサラゴッサにでも。

昼食はこれまた行きつけのムーラン・ルージュに近い「レオン」。いつものようにムール貝と白ワインを注文する。「レオン」の本店はブリュッセルにある。ベルギー駐在時代、顧客接待のため数知れず利用した。フリッツとムール貝はなんと言ってもベルギーであり、「レオン」の味は格別であった。（二〇一八年にベルギー人の友人夫妻と「レオン本店」を訪れたときは、「Brel」と背もたれに書かれた特別席に座ることができた！）。

美味しい料理とワインに心地よくホテルに帰り、さっそく私はジュンヌヴィエーヴに電話を入れた。「ようこそパリへ、いつお会いできますか？」と、ジュンヌヴィエーヴ。「今晩、六時ころお会いしたいのですが」「それでは六時にお待ちしています」これでジュンヌヴィエーヴ宅への訪問の時刻が決まった。まだ何時間かあるので、ベッドに横になる。すると急に睡魔が襲ってきた。時差ボケはまだ治っていなかった。そのまま深い眠りに落ちてしまった。

それから目が覚めたのは、なんと六時十分前であった。あわてて私はジュンヌヴィエーヴに電話を入れた。「これからタクシーを拾ってそちらに向かいますが、多少遅れるかも知れません」。すると、ジュンヌヴィエーヴは「今回引っ越した場所はわかりづらいので、近くに来たら運転手に電話をするよう伝えてください」とのこと。私はすぐにホテルを飛び出しタクシーを拾った。タクシーに乗り込むと、私を待っていたかのように車のラジオからジャック・ブレルの「アムステルダム」が流れてきた。私は思わずそのメロディーに合わせてフランス語で口ずさんだ。運転手はびっくりしたように後ろを振り向き、なぜあなたはこの曲を知っているのかと尋ねた。「私はジャック・ブレルの日本語翻訳者です」と答えると、運転手は納得した顔になった。

ジュンヌヴィエーヴはアパルトマンの入口の門の前で待っていてくれた。三年ぶりの再会である。それまで住んでいたサン・ジェルマン大通りのアパルトマンを（パリの不動産バブルの余波による建て直しのため）大家に追い出され、現在のアパルトマンに転居したばかりであった。前回初めてジュンヌヴィエーヴ宅を訪問したとき、いきなり御飯用の茶碗でお茶を出されてとまどったが、今回はちゃんと湯呑み茶碗を用意してくれていた。

ジュンヌヴィエーヴは、フランソワーズの生まれたチオンヴィルの町の追想から話し始めた。二人が一緒に遊んだ幼少期から、思いつくままに語られた。

フランソワーズが家族とともにパリに転居したのは一九三八年であった。それまで一家は国境の町チオンヴィルに住んでいた。チオンヴィルはドイツの国境まで十五キロしかない要塞都市であったので、戦争の影響を避けて家族はパリに移った。パリの生活は田舎とは大違いで、大変な環境の変化をもたらすことになった。

一家はチオンヴィルではジョルジュ・クレマンソー通り五番地の大きなアパルトマンに住んでいた。そのアパルトマンの庭で幼いジュンヌヴィエーヴとフランソワーズはいつも一緒に遊んでいた。アパルトマンは実に大きな建物で、四角い要塞の基壇で囲まれていた。すべての窓には三角形のペディメント（切妻破風）があり、周囲の家々の中でも特に目立つ建物であった。国境の近くなので、おそらくこの家は収税人の家か軍事訓練用の建物であったようだ。実際、その当時、このアパルトマンの一階は軍隊の総合センターとして使用されていた。

フランソワーズの家族はその建物の二階に住んでいた。建物の壁は濃い灰色で粗塗りされていた。時折、こんな飾り気のない家には住みたくないわ、と言う声高な通行人の話し声が聞こえたりした。フランソワーズの母親はそのたびに苦笑していた。

私はチオンヴィルの町を一度だけ通過したことがある。それは一九七八年の、ロレーヌ地方へのバカンスのときであった。ルクセンブルグとメッスとの、ちょうど中間点にチオンヴィルはあった。チオンヴィルの町は、私が生涯一度だけ訪れたロレーヌ地方の美しい思い出とともにその通過点として蘇る。

その年のバカンスに、我々はメッス、ナンシーよりもさらにロレーヌ平野の奥深く入った農家の一軒家に民宿した。見渡す限りの小麦畑と牧場であった。牧牛や羊の鳴き声以外には何も聞こえない。真夜中に遥か遠く汽車の汽笛の音がかすかに聞こえたくらいである。民宿の奥さんは、月に一度買い物で町に出る以外はすべて自給自足の生活をしていると言っていた。したがって、日常生活で現金を使うことはまずありえないとのこと。我々が到着したとき、この家の飼い犬の大きなシェパードが尻尾をさかんに振りながら興奮していた。めったに見ない外来の客に大喜びしていたのだ。

このとき、我々以外ではパリから来た婦人が一人（彼女の子犬一匹とともに）、先客としていた。夕食のときは全員が食堂に集まるのだが、この婦人の話はなかなか面白かった。どうも息子たちに裏切られて、パリで淋しく単身生活をしているようである。「働かざる者、食うべからず」と、さかんに言っていたのが印象的であった。この民宿の家族、そしてパリからの同宿者、もう四十年以上昔のことだが、まさに一期一会、あの方たちと再び会える機会は一生ないであろう。そもそも今ではあの農家までたどり着けるかどうかも疑問である。

一枚の写真がある。民宿の庭である。広い庭に大きなブランコ。そこに私の娘がチョコンと座って、揺られている。背景は広大なロレーヌの平野。すべてが小麦の黄金色一色である。私が宿の二階から撮った写真であるが、あまりに幻想的な、時空から隔絶された黄金色の世界がそこにある。ロレーヌとは、そんな世界であった。

フランソワーズが住んだアパルトマンの庭はあまり奥行きはなかったが、二本の大きな木があり、庭の縁取りに父親がキンセンカを植えていた。その周りでフランソワーズたちは自転車に乗ったり、学校ごっこをしたり、ひそひそ話などをして遊んだ。裏手にはウサギ小屋と鶏小屋があり、家にはいつも一匹の猫と二匹の犬が飼われていた。この二匹の犬はフランソワーズのよき友人であった。

フランソワーズとジュンヌヴィエーヴはスール・ド・ラ・プロヴィダンスという寄宿学校に通

幼少期のフランソワーズ。長姉（左）と従姉（右）とともに（1938年）

った。ジュンヌヴィエーヴはフランソワーズの後見人のような立場であった。長姉とは歳が離れ、かつ彼女はすでに娘時代に入っており、まもなく子供の世界から離れていった。ジュンヌヴィエーヴはフランソワーズを甘やかしていて、学校の隣のお菓子屋さんで買った飴玉や甘草根を両親に隠れてこっそりと彼女に渡したりした。校門をくぐる前に、ジュンヌヴィエーヴはそれらをフランソワーズのポケットに押し込んでやるのであった。あとでフランソワーズが告白したところによると、彼女は授業中手をあげて何度もトイレに行かせてもらい、そこで物音がしないようにこっそり食べたとのこと。そのとき彼女はまだ六歳にもなっていなかった。

フランソワーズの父は食べ物について一家言もっており、お菓子は絶対に妻が作ったものしか食べさせなかった。反対に娘たちは、普通の子供たちと同様、お菓子屋のショウウインドウに陳列されているロレーヌ地方の言葉でコンディトレイというお菓子が大好きであった。とりわけお菓子屋のカウンターの前にあった、子供の頭の高さに斜めに置かれたガラスの大きな壺の中の砂糖菓子は大変魅力的であった。ところが両親はそれをきたない食べ物だと言っていた。たぶん、スーパーマーケットのレジの前に置かれた商品のように不潔に感じていたのであろう。

ロレーヌ地方の気候は大陸性である。冬は、太陽は照るがとても寒く、何か月もの雪の季節が訪れる。ただし、どの家の窓も二重窓になっており、室内はよく暖房がきいていて快適であった。子供たちは橇を引いたり、雪だるまを作ったり、軒下から垂れ下がった長いつららを取って砂糖菓子のように舐めたりした。春が来ると、冬とははっきりと日差しが違ってくる。皆で近くの森にスミレやシャンピニオンを摘みに行った。そしてしばしば、隣の国ルクセンブルグの街にピクニックに行った。妻の手作りしか食べない父親が、この時だけは店で買ったケーキを食べるのであった。

ルクセンブルグは古い砦の街で、国の人口はわずか六十三万人である。ブリュッセルから車で約二時間の距離にある。国境にはもともと何もない。気がつかないうちに国境を越えている。国境を越えたと気づくのは、近づいてくる街の屋根の色が変化するからである。フランスやベルギーでは屋根の色は明るいオレンジ系統だが、ルクセンブルグに入ったとたんネズミ色になる。何事にも地味なお国柄である。ただし、小国の知恵はどの国にも真似ができない。ＥＵ（欧州連合）の母体であるＥＣＳＣ（欧州石炭鉄鋼共同体）がルクセンブルグに設立されたのは一九五二年であった。

一九九六年の夏、私はニースで一週間のバカンスを過ごしたことがある。別荘をホテルにした民宿のようなホテルであったが、その宿の管理人がルクセンブルグ人の夫妻であった。最初、彼らとの会話はもちろんフランス語で始めたのであるが、彼ら夫婦のあいだで交わされている言葉がなんとも不思議な言葉であった。ドイツ語でもなく、東欧の言葉でもない。ある日私は、あなたたちはどこの国の方ですか、と尋ねてみた。するとルクセンブルグだとの答え。「あの谷間にかかった要塞の美しい街ですね」と私が言うと、二人はとても喜んでいた。そもそもルクセンブルグを訪れる日本人は稀である。なお、ルクセンブルグ語はモーゼル・フランケン方言のドイツ語変種であり、今ではルクセンブルグの重要な公用語の一つになっている。

チオンヴィルからルクセンブルグまでの距離はわずか三十五キロである。あの長閑なルクセンブルグの街をフランソワーズの家族もしばしば訪れていた。遥か昔にフランソワーズが遊んだ、同じプロムナードの砦から見下ろす谷間には、今日も小鳥たちの囀りが谺している。

第5章　ドイツ占領下のフランス

フランソワーズの家族は、毎年夏になるとミディのコース高原にあるミヨーの親戚の家を訪れた。子供たちは、渓谷を望むすばらしい眺めの高原にある、大きな牧場を持つエルミリックスの従兄弟の家や、ヴィルフランシュ・ド・ルエルグに近いサン・フェリス・リニヤック村で神父をしている大伯父の家に遊びに行った。この大伯父は実に粋な人物で、とても優しく、二人に彼の小さな教会の高い説教壇から説教をさせてくれた。フランソワーズとジュンヌヴィエーヴは皆から〈パリの従姉妹たち〉と呼ばれ、かわいがられた。

当時、フランソワーズはほんの子供で五歳か六歳であったが、ジュンヌヴィエーヴと同じダンス教室に通っていた。彼女はまだ赤ちゃんが抜けきれず、愛らしく、そして多少〈ぼんやり屋さん〉であった。それはフランソワーズに対する家族のお気に入りの愛称でもあった。

このころの彼女は陽気で、心配事もなく、いたずらっ子で、食いしん坊だった。まさに〈ベンジャミン〉で、家族の皆から愛されていた。ある日、彼女が椅子の上に立って食堂の棚の高い所に置かれたお菓子を取ろうとしているところを、母親に見つかってしまった。フランソワーズは

「私じゃあない、私じゃあない！」と大きな声で喚いた。母親は笑って彼女を叱りはしなかった。

またある日、家族全員の食事のおり、フランソワーズのすぐ近くにワインの入ったグラスが置かれてあった。両親は礼儀を重んじる場所では、規律にきわめて厳格であった。フランソワーズは椅子の上でからだをゆすっていた。誰かが行儀が悪いと注意したが、フランソワーズはますます調子に乗ってゆすっていた。そしてとうとう椅子ごとひっくり返ってしまった。その拍子にグラスも床に落ちて割れ、破片がフランソワーズの口の周りに飛び散った。皆が一斉に助けに集まった。彼女は口から小さなガラス片を吐き出したが、幸い口の中も唇も傷ついていなかった。大事にいたらなくて、一同皆ほっとしたのであった。

ジュンヌヴィエーヴはいろんな物語を創作しては、フランソワーズに話して聞かせた。フランソワーズはそれらのお話が大好きで、また聞かせてくれと何度もねだったりした。彼女たちの母親は素晴らしい仕立て屋であった。子供たちは決まって木曜日の午後に、その能力に応じて、母親から洋裁を習っていた。そんな日は、皆で歌い、笑い、室内遊戯をし、和やかで実に楽しいひとときを過ごした。長姉のカトリーヌは大変立派な演劇を演じ、家族はその観客となった。また、家族全員でモリエールを演じたり、ダンスをしたり、寸劇も取り入れたが、長姉はいつも最高の演出家であった。それらは暖かい、一番広い部屋で、家族的な雰囲気の中で行われた。

フランソワーズの両親は、ロレーヌ地方の習慣をよく理解していた。しかし、それらの伝統に従いながらも、少しずつ変化させたり、何かを付け加えたりした。例えば、一九三〇年代にはまだフランスには普及していなかった「クリスマス・ツリー」を、サン・ニコラやお正月やお祭りの日に飾っていた。また母親は自ら進んでクラッペンなど当地特有の揚げ菓子の作り方を学んでいた。しかし、子供たちが寄宿学校で友人から聞いたロレーヌ地方の俗語を使っていると、優しくそして厳しくフランス語に訂正させた。

一方、父親は狩りの名人であった。彼は軍人用の猟場で、いくらでもいる野兎や雉を狩っては持ち帰り、それらはローストやパテや煮込みの料理となって、毎日のように食卓に上った。母親は、「今日もまた雉ね」と、よく溜め息をついていた。

パリに移ったフランソワーズはピクピュス通りの公立小学校に通った。一家はナション広場の近くのベル・エール大通り二十一番地に住んでいた。二つの並木道が見下ろせる、バルコニー付きの五階にあったそのアパルトマンは快適な住居であった。今もその建物はあり、ベル・エール大通りの風景に溶け込んでいる。そして彼女はエレーヌ・ブーシェ高等中学校（Lycée Helène Boucher）に入学した。この高等中学校はヴァンセンヌ大通りに面した、大変近代的な大きな建物で、威厳のある近寄りがたい雰囲気の学校であった。今でもこの高等中学校は名門校として知られている。

私はある日、フランソワーズの自宅からも近い、このエレーヌ・ブーシェ高等中学校まで歩いてみた。ナション広場を右に折れてしばらく進むとすぐに大きな建物が見えてきた。ちょうど学園祭の日でもあったのか、校門の前でたくさんの生徒たちが開門を待っていた。

エレーヌ・ブーシェ高等中学校

このころフランソワーズは非常に内向的な、目立たない娘になっていた。しばしばクラスの中でぼんやりして、物思いに沈んでいた。明らかに生活の変化と戦争という社会の激変にとまどっていた。戦争はフランソワーズの家族を混乱に陥れた。父親は職業軍人で、ドイツで拘束され終戦まで帰国できなかった。母親は夫のことを案じつつ、同時に娘たちを食べさせる心配もせねばならなかった。一九四一年はパリにとって最悪の年であった。この年は、品物が買えるかどうかもわからないのに、人々は配給証明書を持って、ほとんど暖房のない雪の降るなかを、朝早くから六時間以上も買い物のための行列に並ばなければならなかった。占領下で生き抜くためパリ市民の必死の生活が続いていた。

ラジオからはニュールンベルグやベルリンからのヒットラーの演説の怒号が聞こえてきた。そして狂信的な群衆の叫び声が聞こえた。幼いフランソワーズもそれらを聞いていたはずである。フランソワーズの一家は毎晩、こっそりとロンドンからのラジオを聞いていた。そして壁に掛けたヨーロッパの地図にドイツ軍やロシア軍の進出を示す、小さな旗を立てていった。ラジオ放送の受信はドイツ軍に妨害されていたので、パリの市民は特別のアンテナを取りつけ、ドイツ軍に知られないように受信していた。

フランソワーズがピクピュス通りの学校に通っていたころ、彼女は綴り方で一等賞を取ったことがある。そのとき、フランソワーズは得意になって「綴り方一等賞」と書いて母親に見せたが、肝心のその綴り字が間違っていた。母親は「おやまぁ、一等賞の子がこんな風に書くのなら、他の子はどういう風に書くのかしら？」と、驚いでみせた。

フランソワーズの母親は、強い個性の持ち主で、声を荒げることもなく、所謂〈偉大な魂〉の女性であった。日頃から、決して不平を漏らすことはなく、泣き言を言うこともなかった。彼女は威厳を持って子供たちに接し、もっぱら子供たちを楽しませることに気を配り、そして勇気を与え、最終的には勉強へと駆り立てた。両親はお互いをよく理解しており、特に父親は妻を心底尊敬していた。

父親が前線にいるあいだ、一九四〇年から四一年にかけて一家は一時、レンヌのバスタール通りに疎開した。そこは大変古い建物だったが、結構皆は気に入っていた。その後、一家はパリから追い出され、汽車から汽車へ、車から車へ、荷物を積み替えながら移動することになった。家畜運搬車の中で寝たり、道中食料をもらいながら鉄道線路に沿って歩いた。小さなフランソワーズは荷物のように網籠の中に入れられていた。五日間の苦しい旅のあと、一家は親戚を頼ってミヨーにたどり着いた。

ミヨーの町のペイロルリ二十番地にあった親戚の家はとてつもなく広く、たくさんの部屋があった。天井は四メートルもあり、なんとも不細工で巨大なチムニーや、手入れがされていないいくつもの古い家具があった。フランソワーズの部屋の階上には大変年取った大伯母が住んでいた。そのまた上のアパルトマンには、子供たちの目にはまるで幽霊のような、よくわからない老いた下宿人が住んでいた。

一家はラルザック（注）の斜面の丘の傾斜に葡萄畑を持っていた。木々にはたくさんの果物がなり、二軒の小さな家があった。一軒は酒蔵として、もう一軒は田舎風の住居として使用していた。その家のバルコニーからは谷間が見渡せ、下の町からは時を告げる教会の鐘の音が聞こえてきた。タルン川とドゥルビー川の支流には、冷たいけれどもとても透明な流域があり、かっこうの水浴場になっていた。そこでフランソワーズは泳ぎを覚え、岩の上からの飛び込みを覚えた。この谷間に沿ってよく遠足もした。こうしてフランソワーズはコース高原が大好きになったのであった。

（注）ミヨーとロデーヴの間のコース高原にあるカルスト台地。

フランソワーズが愛したコース高原は、フランス中央山塊の南に位置する。言語的にはオック語圏に属する。私がこのコース高原を最初に車で走ったのは一九七八年のことであった。スペインのコスタ・ブラバで短い夏のバカンスを終えてブリュッセル（筆者は当時ベルギーに駐在）への帰り道、セートで一泊したのち一路ミヨーに向かってコース高原を上っていった。高度が上がるにつれて広々とした高原の懐深く入ってゆく。ミヨーの手前のタルン渓谷では、息を呑むような渓谷美が忽然と現れた。

ミヨーの町は、記録によると紀元前一二一年にローマ人によって作られた。皮製品の町としても知られている。この地方は昔より羊や牛の放牧が主な生業であったので、その皮を利用した産業が自ずと発展した。皮製品の中でもミヨーの皮手袋は特に有名である。私も何軒も並んだ皮製品の店の中の一軒に入り、お土産に皮の手袋と敷物を買った。

タルン川とドゥルビー川の合流地にできた商業町ミヨーは坂の町でもある。南に行くにも北に行くにも坂を上がっていくことになる。私は県道一〇一号線の急坂を北西に上っていった。時々、放牧の牛を見かけるが、人影はない。やがて左折して県道三〇号線の狭い道路に入る。道は幾重にも曲がりくねっている。やがて眼下にサン・ボーゼリーの町の教会が見えてくる。この町を通り過ぎるとすぐに県道一七一号線のさらに狭い道に車を進める。再び登り坂となる。

やがて現れた見渡す限りの高原が、目指すモーリヤックの村である。村の人口は二十人ほどだが牛の数は数百頭という。この村のはずれにブリュエル氏の別荘があり、その日の私の宿はこの別荘であった。大きな農家を買い取り、別荘にした館である。目の前には広大な平野が広がっている。毎夏ブリュエル氏一家はここに集う。この日はブリュエル夫妻とブリュエル氏の母親ガブリエルと末娘のアンヌが私を迎えてくれた。ブリュエル氏はさすがプロのピアニストである、別荘にも大きなピアノが一台置かれてあった。

フランソワーズの最後の夏にも、フランソワーズを囲んでブリュエル氏一家はここに集まった。モントーバンに嫁いでいる長女一家も、モンペリエで医者をやっている長男一家も、双子の兄弟ディディエとパスカルも。そしてもちろんガブリエルとアンヌも。幼少のころより遊んだコース高原の息吹を、フランソワーズは最後の夏に（一抹の不安とともに）懐かしく胸に吸い込んだことであろう。

さて、フランソワーズの母親が後にも先にも一生に一度だけ、頑固さを押し通した事件があった。ある日、伯父の友人の息子という若者がコンセルヴァトワールのコンクールの準備のためにパリにやって来た。彼はしばしばフランソワーズの家に食事に呼ばれていた。彼はマドリッド通りの近くの、小さな部屋に間借りをして住んでいた。

一九四三年にドイツ軍はＳＴＯ（Service du travail obligatoire：青年労働奉仕隊）を組織した。それは徴兵制度に代わるものとして、フランス人の若者に強制労働の義務を課すものであった。当然この若者はその強制労働に行かねばならなかった。ところが、フランソワーズの母親は躊躇することなく彼を家に匿ったのであった。それは一家にとっては大変危険な行為であった。なぜなら占領下のフランスでは明らかに法律違反であり、反逆行為であった。ゲシュタポによる家宅捜査は日常茶飯事であった。母親は皆から、何ということをするのだと激しく詰め寄られた。それでも彼女は自分の意思を貫いた。このとき初めて、彼女は人前で泣いた。そして、「私は四十を過ぎた女です。自分のしていることはわかっています。責任は私が取ります」と、彼女は皆の前で宣言した。当時大変厳しい配給制下にあったパリで彼を匿うということは、ゲシュタポの恐怖とともに、食い扶持が一人増えるという重大な問題でもあった。

この青年の名前はイヴ＝マリー・ブリュエルという。

何度目かのヴィルヌーヴ＝レザヴィニョンの訪問時に、長姉カトリーヌの家で戦後間もないころと思われる、古いアルバムを見せてもらった。そこには、カトリーヌ、ジュンヌヴィエーヴ、フランソワーズの青春がまざまざと輝いていた。もちろん、モノクロの写真であるが、戦争が終わり、解放されて自由に歓喜するパリが感じられた。パリのパストル家の写真とともに、ブリュエル家の家族写真もいっぱい詰まっていた。我々が最初に訪れたころには存命であったブリュエル氏の母上ガブリエルの若き日の姿もあった。パストル家の写真で特に印象に残っているのは、三人の娘がスクーターに乗っている写真であった。もともと美人のカトリーヌは、（たぶんブリュエル氏に嫁ぐ前後と思われる）颯爽と金髪を風に靡かせている。ジュンヌヴィエーヴとフランソワーズは、はちきれるような笑顔を浮かべて、最新の乗り物であるスクーターのハンドルを握っている。このときのフランソワーズは十四歳か十五歳であったろう。

第6章　途絶えた遠藤周作からの便り

パリ解放のとき（一九四四年八月十九日〜二十五日）フランソワーズは十四歳だった。このときのパリ市民の解放の喜びは、前章の最後にふれたパストル家のモノクロ写真の中に明瞭に現れている。そしてフランソワーズの学生生活もきっと劇的に変わったことであろう。明るい未来を感じるとともに、フランソワーズにはバカロレアの試験が待ち受けていた。

ジュンヌヴィエーヴは「手記」上巻に次のように書いている。

フランソワーズは試験に対し反抗心を持っていました。特に数学に対してはアレルギーがありました。そのことはバカロレア受験のとき大きな障害となりました。しかし、フランソワーズは哲学の科目になると数学のときとはまるで違って、目は輝き、まさに水を得た魚のように、生き生きと英邁さを発揮するのでした。それまでの彼女の困難に立ち向かう様子がまるで魔法にかけられたかのように変わってしまうのでした。彼女は一九四八年十八歳のとき何の問題もなくバカロレアに合格しました。（注）

（注）その当時のバカロレア合格者数はわずか三万人ほど。ちなみに二〇一九年度では二十七万人強が合格している。

ソルボンヌ大学に進学したフランソワーズは、文学部の教養課程を終え、哲学を専攻することになる。一九五一年には倫理・社会学を終了し、次いで心理学も終了する。そして哲学・倫理学を五二年に終了し、五三年には歴史哲学を終了する。フランソワーズはいよいよフランス教育制度の最難関試験の準備に入ろうとしていた。彼女には、遠藤と会う前にジャン・ルイという恋人がいた。遠藤を囲む仲間の一人であった。しかし、遠藤との巡りあわせを機にジャン・ルイとは別れることになる。フランソワーズにとって遠藤の出現は巨大な隕石のようなものであった。突然、フランソワーズの人生を根こそぎ変えてしまったのであった。

五三年一月に遠藤を見送って以来、フランソワーズは不安と期待の交錯する日々を送っていた。遠藤からは五三年と五四年にいくつかの愛の手紙が届いていたが、五五年からは急に手紙が来なくなる。フランソワーズにとって毎日が郵便を待つ日々となった。それはただ待つことの残酷な日々であった。

遠藤が帰国してからというもの、フランソワーズにとっては二重の意味で苦しい毎日であった。ひょっとして遠藤の病気はさらに悪化して筆も取れない状況なのか。もっと悪いことに、最悪の事態になってしまい、遠藤の口から「フランソワーズ」という名前さえ漏れることなくこの世からいなくなっているのではないか。

それよりもさらに考えたくない地獄は、遠藤が心変わりしたのではないかということだった。東洋というまったく価値観の異なる故国に帰り、フランスでの出来事はもう霧散してしまったのではないか。二人だけのあのパリからマルセイユへの最後の旅は、いったい何だったのか。考えれば考えるほど、不安の黒雲がフランソワーズの心に湧きおこるのであった。

フランソワーズの姉妹は厳しい両親の影響から、お互い泣き言は絶対に口に出さなかった。それでもジュンヌヴィエーヴは心配して、しばしばフランソワーズに手紙を書いている。実際、遠藤が出発後フランソワーズに出した手紙のほとんどは帰国の船上で綴られたもので、フランソワーズはそのことに不吉な予兆を感じていた。

フランソワーズの父親は極めて厳格であった。モラルの点ではまさに厳格主義者であった。とくに娘たちに隠し事はいっさい許さなかった。遠藤とのことを次姉だけに打ち明けていたフランソワーズは、父親に対し大きな恐怖心を抱いていた。その父親が東洋人（そのうえ結核患者！）との結婚を許すわけはなかった。

しかも父親の妹が、結核に罹った若者と家族の反対を押し切って結婚し、わずか一年後にその若者は亡くなり未亡人となってしまった。この教訓からフランソワーズの家族においては、絶対にそのような轍を踏んではならなかった。

フランソワーズはいつかこの隠し事が父親に知れ、大惨事が起こることに怯えていた。そしてそれがどんなに母親を苦しめることになるか。フランソワーズはまったくの袋小路に入った無力な子羊であった。当時の世間一般のモラルとブルジョワの常識を考えると、この結婚がまさに、家族を壊すことは目に見えていた。

長姉のカトリーヌも同様に父親のことを大変恐れていた。カトリーヌは母親と同郷のミヨー出身の音楽家、ブリュエル氏と結ばれたのだが、後年父親からこう言われた。「もし、自分がパリにいたなら、絶対にこの結婚を認めることはなかった！　よりによって芸術家と結婚するとは！」。当時、捕虜としてドイツにいた父親は、帰国後自分の娘が芸術家と結婚していたことに怒り狂ったのであった（これらのことについては附録の「手記」に詳述）。

このころ次姉のジュンヌヴィエーヴも長姉カトリーヌも、自らの生活に懸命の日々であった。ジュンヌヴィエーヴはパリ近郊で先生をしながら、子育てに忙しかった。また自らの離婚の決断に悩み始めていた。カトリーヌは〈芸術家〉とのアヴィニョンでの新生活が始まっていた。子供が次々と生まれていた。長女、長男、双子の次男・三男、次女と。

フランソワーズは自分の悩みについては誰にも語らなかった。このころのフランソワーズのことをジュンヌヴィエーヴは、前掲「三田文学」への特別寄稿で次のように記している。

しかしながら、耐えがたく続くまったくの沈黙により、彼女はめっきり痩せてしまった。彼女の健康は重度の変調をきたした。日本では、当初改善が見られたが、その後再び病気はぶり返した。そして決して快復することはなかった。私は彼女を専門医のところに連れて行った。医師たちは有能であったが、ホルモン異常が原因であったので治ることはなかった。フランソワーズはかくも耐えがたい苦しみに苛まれていたので、私は自らポールに手紙を書くことを提案した。しかしこの提案はうまくいかず、フランソワーズは自分で望みそして義務として彼女自身により解決策を捜すことになった。他人の問題について干渉することの、なんと難しいことであろうか。いかなるケースでも、すべての厚顔さは人を傷つける。しかし、私たちは連絡を取り合った。

フランソワーズは、遠藤がパリにいたときの彼の友人たちと時々会っていた。したがって、遠藤の情報のいくらかは知ることができたはずである。しかし、彼らは最も肝心なこと、一九五五年にすでに遠藤が結婚してしまったという重大事をフランソワーズには知らせなかった。一九五四年に二通の手紙が届いて以降、まったく音信不通となるのである。

それまでに届いた遠藤からの手紙には、愛情や励ましやこれからの結婚の約束で溢れていた。これらの言葉を信じて、フランソワーズは上級教員資格試験（アグレガシオン）（注）を目指す代わりに、日本語を学ぶ決心をした。彼女が入学した東洋語学校には教師として森有正がいた。三名しか生徒のいない日本語学科で、フランソワーズは森有正にとくにかわいがられた。森有正からフランソワーズに宛てたいくつかの手紙を読むと、師弟の間柄の微笑しさを感じる。

（注）リセと大学の教授資格試験。「一級教員資格」「中高等教授資格」「高等教育教授資格」等の訳語あり。取得者はアグレジェと呼ばれ、フランス最難関の試験の一つ。合格者にはサルトルやボーヴォワール、シモーヌ・ヴェイユ等、錚々たる面々が名を連ねる。なお、次姉のジュンヌヴィエーヴもアグレジェの一人である。

第7章　森有正からの手紙

森有正からフランソワーズへの古い手紙がある。

日付は一九六三年九月十七日となっている。フランソワーズがバカンス先から森有正に出した絵葉書に対する返信である。発信場所はスペインのコスタ・ブラバからコスタ・アサールに至る、海水浴場で知られるカステジョンとなっている。

私はスペイン駐在時代、この地中海の海岸に毎夏のようにバカンスで訪れた。何度か訪れたカステジョンの周辺の海岸は、主に外国人用のバカンスの場所となっており、スペイン人よりもピレネーの向こうから来た人々で賑わう。森有正も一般のフランス人と同様、ピレネーを越えてこの年のバカンスをカステジョンで過ごしていた。そのバカンスの終わりにフランソワーズに出した手紙である。

拝啓
まず、送っていただいた美しい絵葉書に感謝申し上げます。私の心に深く刻まれたラルザックは忘れがたい思い出です。実は私は、この巨大な渓谷についてまったく知らなかったことを白状せねばなりません。なぜならこれまでローデスからモンペリエへの帰路、私はこのコース高原をバスで横切っただけでした。

あなたも素晴らしいバカンスを過ごしたものと思います。そしてあなたが元気いっぱい日本語を続けていることを知り、大変満足しました。私は東洋語学校の新学期の授業を十月末から始めます。ソルボンヌの授業は十一月中旬より始めます。時間割はこれまで同様大学で定められたもので、変更はありません。木曜日には日本古典文学史を、土曜日には漢文と古文をテキストなしで行います。もしあなたが、私の講義のいくつかを受講されるのでしたら実に喜ばしいことです。

聡子はスペイン語を選択するようです。大変良いことだと思います。シルビーは今年六年生になりますが、イタリア語を選択します。娘たちに対するあなたの優しいアドバイスを私はいつも当てにしています。そのうち、あなたをシルビーや私の妻に紹介したいと思います。

私の今年のバカンスは行く先をあちこち変えました。最初は子供たちに会うために妻と一緒にアルザスに行きました。次に、八月いっぱいカステジョンにいました。そして九月上旬にはローマにいました。ローマでは私は若い大学生のようでした。そこに二日間滞在しました。今はまたカステジョンに戻ってきましたが、木曜日の夕方にはパリへ発ちます。

ローマでは多くのことを学びました。ローマに対し私がこれまで抱いていたイメージに新たな視点が加わりました。今回の発見は次の通りです。

一、ローマこそ美的感覚で造成された古代世界の最後の首都であったこと。それはすべての国際性を備えた私的空間を保持し、内なるもののすべてに新しい発芽を促すものであった。

二、古代ローマの生活の単調さについて、その節制はオリエントと比べむしろ華美であったこと。

三、バジリカ風の教会の美しさ（例えば、サン・サビーナ）。

次回、私は必ずローマに帰ってきます。私の好みからしますと、圧倒的にスペインが好きです。しかし、ローマを知ることは私のスペインを豊かにするでしょう。なにしろ、スペインは古代ローマの属州でしたから。それらについてはさらに深く考察したいと考えています。

この手紙を終わるにあたり、改めてあなたに心より御礼申し上げます。聡子からもどうぞよろしくとのことです。

敬具

一九六三年九月十七日　カステジョンにて

森有正

一九六三年はフランソワーズにとってどんな年であったのか。五九年十一月に遠藤が夫妻でパリを訪れ、その後遠藤はフランソワーズと二人だけで何度か会っていた。そのころフランソワーズは、遠藤が自分以外の人間と結婚したという大きな衝撃からは、部分的には解放されていたのではなかろうか。そして遠藤と再会してフランソワーズは、何を見、何を感じたのか。

ジュンヌヴィエーヴによれば、再会により遠藤は妹に再び希望を与えてしまったという（附録の「手記」より）。そしてフランソワーズは、信頼と不信感という相反する感情にひき裂かれつつ、行くべきところまで行き、命がけで賭けに出ることにした（「三田文学」の特別寄稿より）。これこそがフランソワーズが日本に出発した理由であるとジュンヌヴィエーヴは考えている。

翌年よりフランソワーズはたびたび旅に出るようになる。人前に出ることが好きではなかった孤独を好むフランソワーズは、旅に出ることによりさらに自分の世界に没頭できたのではなかろうか。一九六〇年代の前半、彼女の旅はフランス国内ばかりでなく、スペインやギリシャ等地中海沿岸の国々を巡っている。

一九六三年の夏は森有正の手紙によると、フランソワーズは子供のころに毎夏訪れた懐かしいコース高原に滞在している。そして東洋語学校で始めた日本語も本格的なものになりつつあった。日本語という特殊な言葉を専攻する彼女に、森有正は家族のような愛おしさで手紙をしたためている。彼女が東洋語学校の日本語免状（Diplome d'Elève brevete：Langue Japonais）を取得するのは一九六四年十月八日である。そして翌年には団体旅行で初めて日本の土を踏む。その年、敬愛する母親が十一月に亡くなる。フランソワーズはすでに三十五歳になっていた。

なお、この森有正の手紙は略称が多く、我々には読解するのがなかなか難事である。ほぼ全容を理解するまで相当の日時を要した。フランソワーズの文字も解読するのが極めて難しい癖字の連続である。森有正の字はフランソワーズほど癖字ではないが、すでにフランス人そのものである。また、森有正という人物の性格の一面も出ており、例えば、je と pense がひっついて jepense と一語になっていたり、le japonais が lejaponais と一語になっている。逆に savoir が sa voir と分かれていたりして、そのスペリングは気まぐれである。

ところが遠藤周作のフランス語は（いくつかの語彙《ごい》の間違いや文法的な小さなミスは散見されるものの）極めて完璧な美しいものである。彼のフランス語の会話の力がいかほどであったのか知らないが、美しいフランス語を書くということは、きれいなフランス語をしゃべったに違いない。哲学者で気難しい森有正のフランス語と、文学者であり役者でもあった遠藤周作のフランス語をいつか学問的に比較研究してみたいものである。因みに、二人のフランス語について「三田文学」の特別寄稿の中でフランソワーズは次のように述べている。「ポールのフランス語の文体は良いもので、私以上です（力がこもっています）。森さんですらその意味ではポールより凡庸です」。

森有正は一九五〇年に戦後最初のフランス政府給費留学生としてフランスに渡った。遠藤周作はキリスト教支援の戦後初の留学生として一九五〇年にフランスに渡り、リヨン大学の大学院に入学した。遠藤は同年六月四日にラ・マルセイエーズ号で横浜を出航、七月五日にマルセイユに到着している。かたや森有正は同年八月二十七日に神戸でラ・マルセイエーズ号に乗船、九月二十三日にマルセイユに到着し、九月二十五日にパリに入っている。

二人は三か月ほどの違いでマルセイユに着き、遠藤周作はリヨンへ（九月までルーアンの建築家ロビンヌの家にあずけられる）、森有正はパリに居を構える。遠藤が最終的にパリに移るのは一九五二年の十月三日であり、日本館に投宿する。それから一九五三年一月十二日のマルセイユ出航まで三か月と少しをパリで過ごした。森有正は当初、日本館に寄宿していたが、一九五一年にカルティエ・ラタンの安ホテルに転居している。そして一九五二年には東京大学に退職願を提出している。

遠藤周作の短いパリ滞在の期間に、必ず森有正との接点があったはずだと思い捜してみると、『ルーアンの丘』と『遠藤周作全日記』にそれはあった。一九五二年十二月の日記に左記のように記載されている。

十二月×日

ぼたん屋にて、日本にむけ座談会放送。荻須夫人、森有正、関口、三宅の各氏と、あとで録音で自分の声をきいたら甚だ荘重だった。一月三日に放送との事。しかし、その声をきいた家の者はぼくが入院するとは思わないだろう。

その後、森有正の名前は出てこない。日本の生活を捨てた森有正は、哲学者として、思想家として、そして作家として生きてゆくことになる。一九五五年にはソルボンヌ大学で日本文学史の講師となり、また東洋語学校の日本語の先生になる。一九七一年にはパリ第三大学所属国立東洋言語文化研究所外国人教授に任命される。

因みに、遠藤周作のフランス留学の経緯は『遠藤周作』(慶應義塾大学出版会)に著者の加藤宗哉氏が次のように詳しく説明している。

> 留学は、フランスのカトリック教会が日本でのキリスト教発展を目的に、篤志家の協力を得て行ったものだった。ちょうど前年がフランシスコ・ザヴィエルの日本渡来四百年だったため、天正少年使節の昭和版とも言うべき日本からのカトリック留学生招聘をフランス側が計画し、上智大学がその窓口となって、イエズス会の神父たちが人選にあたった。それに周作が選ばれたのは、かつての上智在籍や神父ヘルツォークとの縁も関係していたのだろうが、やはりキリスト教文学を専門とする新進批評家としてすでに実績を積んでいたことが一番の理由と考えられる。それゆえ周作の留学テーマは「フランスの現代カトリック文学研究」となっていた。

第8章　教師フランソワーズ

一九六六年十月十六日、フランソワーズが初めて、後期最初のフランス語の授業のために教室に現れた日のことを思い出す。それまで太黒マチルド先生が、外国人講師によるフランス語の授業を受け持っていたが、定年退職により新しいフランス人の先生が来ることになっていた。

その日現れた先生は強烈な個性を感じさせ、それまでのエレガントで上品なパリジャンヌであるマチルド先生とは明らかに違っていた。しかし、物静かなフランス人女性であった。背は高からず低からず、骨格のがっしりした、褐色の目の澄んだ、思慮深い哲学者を思わせた。大半の生徒が第二外国語として選択しているフランス語の授業に、このような情熱的な先生が赴任したことは生徒たちには不幸であったかも知れない。また、哲学が専門の彼女にとっても、大学の教養課程のフランス語などまったく物足りないものであったろう。しかしながら彼女は教えるということ自体に情熱を燃やしていた。一つの章が生徒たちに理解されないと徹底的に、のめりこむようにさらに情熱を注いで教える。だからいつも彼女には授業終了を告げるチャイムの音が耳に入らない。次のクラスの生徒たちがドアーを開けてぞろぞろ入ってくるまで教え続けるのであった。

このパターンは最後まで変わらなかった。

いつだったか彼女と話していて、ＮＨＫのフランス語講座の番組の話になり、彼女は厳しくその番組を批判していた。どうしてあのような、フランスでは幼稚園で教えるような教え方を大人向けにするのか、もっと頭で考えるような教え方をしなければ、日本のフランス語のレベルは上がらないと嘆いていた。また、一緒に丸善の書籍部に行ったとき、私がル・リーブル・ド・ポーシュのカミューの解説書を買おうとしたら、最初からそのような解説書を読んではならない、まずカミューの原書を買ってそれを読んで、自分の意見・感想ができてから解説書類は読みなさいと言われた。なるほど最初から解説書を読んで、自分で考えるという過程を省いてはならないということかと合点したのであった。


フランソワーズは北海道大学から獨協大学に転任のため、一九六八年九月三十日に札幌を発った。フランソワーズはその年の夏（軽井沢）と翌年の夏（志賀高原）、フランス語教師向けのスタージュ（研修会）に講師として参加している。

二〇〇〇年にジュンヌヴィエーヴ宅を訪ねたとき、大量のフランソワーズの遺品を拝見した。意外だったのは、多くの先生方と親しくしていた北大時代や獨協大学時代の写真がほとんど見当たらなかったことだった。そういえば、フランソワーズは大変な写真嫌いだった。そのようななかで、多かったのが軽井沢と志賀高原でのスタージュの写真だった。また、このときの記録が資料としてたくさん残されているのでそのいくつかを紹介しよう。まず、スタージュのために提出された彼女の履歴書がある。

履歴書

フランソワーズ・パストル　一九三〇年三月二十三日モーゼル県チオンヴィル生まれ。

国籍　フランス人

家族　独身

前職　パリ（十九区）エドワール・パユロン高等中学校教師

学歴　一九五〇年七月十二日ソルボンヌ大学文学教養課程（古典部門）修了

一九五一年十一月十二日ソルボンヌ大学倫理・社会学修了

一九五一年十一月十四日ソルボンヌ大学心理学修了

一九五二年十一月六日ソルボンヌ大学哲学・論理学修了

一九五三年七月十日ソルボンヌ大学歴史哲学修了

一九五四年七月ソルボンヌ大学学士課程修了とともに哲学教員免状取得

学位　一九五六年六月哲学高等研究免状取得

一九六四年東洋語学校・日本語免状取得

軽井沢研修会にてフランス人女性の親友（右）と（1968年）

一九六八年八月二十八日から始まるプログラムがある。フランソワーズの講義は八月二十九日午後五時から六時まで、八月三十日午前八時三十分から十時三十分まで、これらはテキストを使った講義。八月三十一日午前十時三十分から十二時三十分までは、会話の時間。九月一日は午前八時三十分より十時三十分まで再びテキストによる講義。九月五日は午前十時三十分より十二時三十分まで会話、九月七日午後五時から九時までテキストによる講義である。

また、このときフランソワーズがテキストに使った原稿も残されている。

第六回軽井沢スタージュ・作文問題（パストル嬢担当）

一、夏目漱石『人生』

二、三島由紀夫『金閣寺』

三、立原道造「のちのおもひに」

四、丸山薫「砲塁」

一と二は文章の抜粋、三と四は詩の全文が載っている。それぞれ日本語としても難解な文章であり、これをフランス語に翻訳することは相当に困難である。それまで北大のフランス語研究会がフランソワーズを講師に招いて翻訳に使っていたテキストが夏目漱石の『吾輩は猫である』であったので、フランソワーズにしてみれば大学の先生たちが受講する講義では、このくらいは当たり前と思ったかも知れない。フランソワーズの遺品には仏語版の三島由紀夫の『宴のあと』や川端康成の『山の音』もあった。

「獨協大学フランス文化研究」第三号に、この研修会に参加していた松山先生の「パストル先生の思い出」が掲載されており、その中にこの講義のことが述べられている。

あの年のスタージュでは、パストル先生御担当の仏作文の課題は、あらかじめ参加者に渡されていて、いうなれば、事前の宿題になっていた。これが、どれを取ってみても難問ぞろいで、夏目漱石、三島由紀夫など、およそ外国語になりにくい箇所が多かった。（中略）

結局、パストル先生は受講者の答案を当てにせず、終始、ご自分の解答を黒板に書きながら解説するという方法を採用なさり、私がやってあるのを知ると、それを持って行かれたけれど、もちろん全然違う仏文が仕上げられて行った。仏文にする技術よりも、それに先立って日本語の意味把握が重要なような文ばかりであった。（後略）

筆者はフランソワーズから何通もの手紙を受け取っているが、これから紹介する二通の手紙には日本に対する彼女の真摯な意見が述べられている。一九六九年一月一日のフランソワーズから筆者への手紙がある。

拝啓

あなたのお手紙にありました大仕事［筆者の詩集出版のこと］に、私は少なからず［自分の日本語の力に］自信をなくしておりました。そこであなたには日本語で必ず返事を書くと自分自身に誓ったのですが、結局日本語では書けず、友情を維持するために沈黙をフランス語で破らざるを得なくなりました。

あなたからお便りをいただき大変うれしく思います。こちら東京で、デュプレさん［北大のフランソワーズの後任］に会いました。彼の堅実さとその知性は素晴らしいものです。あなたは［聴講生として］文学部の講義でベケットを読みましたよね。フランス語研究会では『プラネタリュウム』［ナタリー・サロット著］を（しかし

北大フランス語研究会の学生とともに（1967 年）

後者はなんと難解な本でしょうか）。

私事では、現在は獨協大学と早稲田大学の両方に通っています（後者は日本語のブラッシュアップのために）。私はとても両大学の人々に満足しています。なぜなら私はようやく彼らと体系的な日本語を使えるようになりましたから。ただ一つの問題は、乗り物にえらく時間がかかることです。埼玉県までは日比谷線を利用しています。その通勤時間は私にとって東京の実生活に触れるよい機会なのですが……。

さらに付け加えれば、やらねばならない毎日の仕事のスケジュールを通して、徐々に日本人の生活を理解していこうと思っています。

上京の際には、私に電話することを忘れないように。しっかり勉強してください。それまで楽しみに待っています。みなさんによろしく。

敬具

あなたの先生（?!）より　フランソワーズ・パストル

（［　］は筆者が注記）

また、一九七〇年二月二十六日付の手紙がある。

拝啓

あなたとバッタリ会えた偶然に、大変満足しています［一月に広島に帰省の途次、渋谷駅の近くでフランソワーズと奇跡的に再会した。これがフランソワーズと会った最後となった］。あのとき説明しましたように、獨協大学での生活は北大のそれよりも遥かに多忙と言えます。東京の生活は交通の移動の問題など複雑です。その多忙さにかまけて返事を書かなかったことで、私のあなたへの友情が失われるものではありません。

あなたの詩集はもちろんすでに入手しています［大学時代に出版した詩集『終焉』のこと］。そしてあなたの詩を何度も何度も読み返しました。一度ならず私を驚かせたのは、それらのアクセントです。また、そこに現れたあなたの人生観について、それを説明することは私には難しいと思われます（もし私がそれを想像したり感じることができたとしても）。私には不思議な遠い世界の、完全なる不動の境地、完全なる諦念の世界といったものでしょうか。あなたはどこかの海について語っています。そこで瞑想し、樹木を愛でています（あるいは岩について……もし私の解釈が間違っていればごめんなさい）。

しかしあなたも知っているように、私が海に対峙するときには、二つの意味があります。一つは瞑想です。もう一つはボードレール流の（病的側面ではない）メテクシスです。詩集の中にあるあなたの自伝を読んで、私はあなたに対し個人的に責任を負っているのだと思い知りました。もし私が札幌に着任しなければ、おそらくあなたはキリスト教に入信したでしょう。そして信仰はあなたの存在を単純化したことでしょう。けれども、こうも言えるのではないでしょうか。エディ先生［筆者が住んでいた日本聖公会男子寮の牧師］のではなく、私のそれに近い宗教観を自由に選んだのは、あなた自身であったと。

現在、私は三月末までの春休みに入っています……。東京は寒く、汚く、醜いです。私の姉［次姉ジュンヌヴィエーヴ］からの便りによると、パリのすべての外壁が洗われてきれいになったとのこと（あなたもご存じのアンドレ・マルローによる壮大なスケールの国家プロジェクトです）。これによりパリは若返り、ギリシャ風に生まれ変わったそうです。ということは、私はどのようにそれを夢に見ればよいのでしょうか。私は情熱的にパリを愛しています。そして個々人のために望まれ、考えられた一つの組織の細部の中で現れる印象や秩序やハーモニーが、ここ東京では発見できないことを苦々しく思います。パリという都市は孤独者のために作られています。パリの街を歩いていると、人として呼吸し、人の源を感じ、人間であることの喜びを発見します。ここ東京では、街をぶらぶら歩くのは人込みに接する喜びのためなのでしょうか？　群衆に溶け込むためなのでしょうか？　東京は小さな共同体で成り立っています。その中で個人は、巣のような自分が安心できる場所を捜しているのです……。

この手紙をそろそろ締め括らねばなりません。なんだか同じようなことを繰り返しているような気がします！（真の個人主義を持たないのは社会主義者ではありません……）

手探りしながら私は日本の生活を模索しています。日本の真の価値はエコノミック・アニマルの中に存在しているとは思えません（近代または近未来の世界において、一つの国の経済的価値は、いずれ精神的味わいのない無関心という共通項にその場所を見つけるでしょう）。

私は日本の「美」しか信用しませんし、最も日常的なものの中にこそ、それはあると考えます。陶器や木製品や屋根や和風建築や日本庭園、そして和紙こそが最も伝統的な価値あるものなのです。私はそれらについて勉強すると心に固く決めました。西洋の価値との（おそらく）葛藤、入れ替え、変形、発展、そして仏教との関係、これらの価値を判断していくことにより、歴史的根源を探したいのです。

私はこれらの（日本の伝統的な）感受性や感応性が現代の日本人から失われつつあることに恐れを感じています。そしてそのことについて、もっと時間があれば、次回述べてみたいと思います。

最近私は古い農家を買い取る夢を持ちました……そんなことを私が夢見てはいけないでしょうか？……しかし私はユートピアを諦めなければなりません。私にはやるべきことがあるのです。それが取るに足らないことだとしても。フランス語を教えるだけでは十分とは言えません。十分どころではありません。フランス人と日本人とのあいだの公的な付き合いは、ある意味では互いにコメディーでしかありません。この上ない熱心さがあったとしても、無知により一歩も前に進んではいません。

姉が手紙でパントマイムを続けていると書いてきました。そしてピンダロス［古代ギリシャの詩人。オリンピックの祝勝歌で知られる」の次の言葉を送ってきました。

「ああわが魂よ、不死の生を求めるなかれ。それよりも可能性の領域をきわめよ」

私はこの言葉はすばらしい箴言だと思います。あなたはどう思いますか？

敬具

あなたの先生より　フランソワーズ・パストル

P.S.よろしければ私宛に日本語で手紙を書いてください。私はフランス語で書きます。なぜなら、私の日本語の表現がまだ不十分だからです。もし私の手紙の文章に不明瞭な点があったら尋ねてください。お互い言語的な誤解は極力避けることにいたしましょう。

（［ ］は筆者が付記）

東京の自宅にて（1969年）

最初の手紙はフランソワーズが東京に転任して初めての正月に書いたものである。正月にどこにも出向くあてのなかったフランソワーズが、無聊に任せてしたためたものであろうか。東京に着任早々届いた絵葉書では、躍動的で不夜城のような大都会、東京の生活に生き生きとした様子がうかがえたが、少しずつその都市の異常さに疲れてきたのだろうか。

次の年の冬休みに私は高校時代の親友のY君と渋谷を歩いていた。そして偶然にも（道玄坂下の渋谷駅交差点近くで）フランソワーズとばったり出くわしたのであった。さっそく三人で喫茶店に入り（今はなくなった東口の「フランセ」という喫茶店であった）、お互いの近況を語り合った。それから二月二十六日の手紙が届いたのである。その手紙にははっきりと「東京は寒く、汚く、醜いです」と書いている。そして日本と日本美のすばらしさを模索しながら、一方では（パリと東京を対比しながら）理解しがたい日本人の本質についても気づき始めている。

このころ彼女は自分の体調の異変にすでに感づいていたはずである。乳癌の一回目の手術は四か月後のことである。そのような揺れ動く不安に、フランスからのジュンヌヴィエーヴの手紙は力強い支えになっていた。ピンダロスの言葉は彼女の（この時点ではまだ予測できない）短い人生そのものへの励ましの言葉であった。

フランソワーズが手術後帰国し、ヴィルヌーヴ＝レザヴィニョンの長姉の家で静養しているとき、森有正に宛てて書いた手紙がある。これは彼女の気力・体力が落ちていたからか、サインもされずに、投函されないままに残っていた。彼女が亡くなるのはこの手紙が書かれた二か月後のことである。

森有正様

ニューデリーからお手紙をいただきましてから、はや何日も経ってしまいました。私は先生の孤独の意味に深く感動いたしました！　オルリー空港で先生が語られたことを覚えておられますか？

私のがさつさをお許しください。ひどく無作法な者たちをやり過ごす危険を冒さず、凡庸さから逃げることができない社会の慣行に対し、多かれ少なかれ反発をしている毎日です！私もまた、先生に新年をお祝い申し上げます。そして、インドへのこの旅行が、前に話してくれた実在の具体的な考えに接近する手助けとなることを喜んでおります。

たぶん、日本に帰る前に、日本に関する私の計画を先生にお話しできると思います。最終的に落ち着くまでには非常に長い時間が必要になりそうです！　それに、先生への返事が遅れたこと誠に申し訳ありません。こちらアヴィニョンに帰国してから、再び激しいリューマチに襲われました。とりわけ頭の関節硬直はレベル二の症状に陥りました。明らかに私は「茫然自失の状態」（俚諺《りげん》です）となり、落ち込んでいました。動くこともできず、他人の助けを借りざるを得ず、このことは私にはとても耐えがたいことです。幸いにも、ここ数日、多少良くなってきました。私は希望を取り戻しました。しかしパリに上京するのは難しく、快復にはおそらく三週間は必要でしょう。

聡子さんは仕事に満足しているものと思います。私の長姉と義理の兄は、二月の小バカンスにはパリに行くでしょう。ですから、先生のアヴィニョンへのバカンスの計画は延期されたほうがよいかと思います。私の次姉ジュンヌヴィエーヴに電話させますので、そうしていただければ幸いです。どうかご容赦くださいますように……！

一九七一年二月十四日

ヴィルヌーヴ＝レザヴィニョンにて

帰国から翌年四月に亡くなるまでの七か月の間に、彼女はいくつもの手紙を書いている。市原豊太先生、小椋先生を始めとする獨協大学の先生方へ、北大関係者では後藤辰男先生（当時、東洋大学）、白井成雄先生（当時、名古屋大学）へ、北大時代の教え子としては私宛てに、そして森有正へ、当然遠藤周作にも書いたはずである。

ヴィルヌーヴ＝レザヴィニョンの長姉宅にて（1970年）

第9章　「そして君は雨の中を彼に向かって走り出した」

フランソワーズが我々北大フランス語研究会のために録音してくれたオープンリールのテープがある。私の依頼により、フランスの主だった詩人の代表的な詩を時間をかけて録音してくれた。ロンサール、ラ・フォンテーヌ、ボードレール、ヴェルレーヌ、ランボーから始まり、プレヴェール、エリュアール、アラゴンと続き、全部で十六名の詩人の四十一篇の詩が納められている。このテープを改めて聞いてみると、フランソワーズの朗読者としての声質はなかなかのものである。そして、彼女の真面目で真摯な人生への取り組み姿勢が浮き上がってくる。

これらの録音された詩の中で私が一番好きなのが、ジャック・プレヴェールの詩「バルバラ」である。「バルバラ」は歌手としてはコラ・ヴォケールの絶唱が最右翼だが、朗読者としてはフランソワーズの「バルバラ」は理知的で抑制されていて素晴らしい朗読である。なかでも、中段節の「バルバラ！」と叫ぶ箇所は歌手または朗読者の腕の見せ所であろう。

ポーチの下で雨宿りをしている男がいる

そして彼は君の名を呼んだ
バルバラ！
そして君は雨の中を彼に向かって走り出した

フランソワーズが最後に日本を飛び立ったとき私は札幌にいたが、その翌年の一九七一年二月に東京の三井銀行本店営業部（現在の三井住友銀行本店）に転勤になった。それから二か月ほど経って銀行の独身寮にフランソワーズ逝去の知らせが届いた。

その後、それまでお会いしたこともなかった獨協大学の小椋先生からの手紙を受け取った。小椋先生は獨協大学でフランソワーズのもっとも身近な日本人女性であり、同僚だった。その手紙によると、フランソワーズの一周忌に、ヴィルヌーヴ＝レザヴィニョンのフランソワーズの墓参りに行くので、北大の教え子たちから何か伝言はないかとのことであった。我々はテープにフランス語でフランソワーズの家族に宛てて哀悼の意を吹き込んだ。先述のフランソワーズが詩を朗読したテープの再録も同封した。そして私はジュンヌヴィエーヴ宛フランス語の手紙をしたため、小椋先生に手渡した。その手紙のコピーが手元に残されている。

拝啓

あなたよりお妹さまパストル先生のご逝去を知らせるお手紙をいただきまして早一年近くなります。

生前のパストル先生には我々は一方ならずお世話になりました。それらの学恩に我々は深甚なる感謝の意を表します。パストル先生とのいくつもの思い出が今また徐々に私の脳裏をよぎります。私は先生が日本でフランス語の教鞭をとられたときの最初の学生の一人でした。もう六年前になります。先生が札幌より東京に移られてからもしばしば交流を続けておりました。私は北海道大学を卒業後、三井銀行に入行いたしました。そして今は結婚し、もうすぐ父親になるところです。いつか必ずフランスに行こうと考えています。そして先生の墓前にお参りをしたいと思います。先生とともに過ごした札幌での生活は我々にとりましても、輝く青春の、人生で最高のひとときでした。今、冬季オリンピックが終わったところです。もし先生が日本におられたなら、我々と一緒に観に行けたかも知れません。

ここに先生が我々のためにいくつかの詩を録音してくださったテープがあります。再録したテープをお手元にお送りいたします。姉上であるあなたのことは先生よりしばしばお聞きしていました。もしお時間がございましたら、またご迷惑でなければ、あなたの近況とパリの様子をお手紙いただければ幸いです。一九六六年の秋に来日し、情熱的にフランス語の教育に傾注し、極めてヴィヴィッドに生き、この上ない真面目さでその生涯を終えた一人のフランス人を、私は決して忘れることはありません。

敬具

中西省三

一九七二年二月十四日

ジュンヌヴィエーヴ・パストル様

このフランス語の手紙を今読み返してみると文法的にも恥ずかしい限りだが、一度もフランスに行ったことのない人のフランス語の手紙としては一応合格かも知れない。このときジュンヌヴィエーヴはパリ中心の証券取引所の近くに住んでいた。後年、一九七五年に私はブリュッセルに転勤になった。そして翌年ブリュッセルから車でパリを訪れ、ジュンヌヴィエーヴの住所を訪れた。平日の昼間であったからか、ブザーをいくら押しても応答がなかった。仕方なくそのままホテルに帰って行った。それから間もなく、私は家族とともにヴィルヌーヴ＝レザヴィニョンの長姉のお宅を訪ねることになる。

フランスから帰国された小椋先生から、しばらくしてまた連絡があった。今度はフランソワーズが日本に残したお金を姉上宛に送金してくれないかということであった。フランソワーズの教え子でもあり、銀行員でもある私に送金を依頼するのが一番安全で確実と思われたのであろう。私は小椋先生より送金の資金をお預かりし、日比谷の東京銀行（現三菱ＵＦＪ銀行）から二人の姉上に宛ててそれぞれ八百フレンチ・フランを送金した。その時の送金の控えがまだ私の手元に残されている。送金先はソシエテ・ジェネラル銀行となっている。
　また、小椋先生よりフランソワーズの遺品の中から二冊の本をお裾分けしていただいた。一冊はイヨネスコの『大佐の写真』、もう一冊はリルケの詩集の仏訳本であった。どちらもフランソワーズの署名があった。そしてもう一冊、これは遺品とは言えないと思うがと言って、小椋先生は遠藤周作の本を追加してくれた。フランソワーズが遠藤周作の本を読んでいたことに、私は少し意外な気持ちで受け取った。それが何という題名の本であったか思い出さないまま、その本は私の夥しい蔵書の中に埋もれて、いまだにどこにあるかわからない。

　昭和四十七（一九七二）年十二月二十日付で「獨協大学フランス文化研究」第三号（副題：パストル先生追悼号）が発行された。市原豊太先生、小椋順子先生、松山恒見先生、芹沢純先生など、フランソワーズの元同僚による追悼集であるが、残念なことに、フランソワーズと遠藤周作の関係についても、遠藤との出会いによって日本語を学び来日したことについても、誰も触れてはいない。なぜ、フランソワーズが東洋語学校で日本語を学び、わざわざ日本に来たのかわかっていなかった。同誌より、市原先生と小椋先生邦訳のフランソワーズの手紙を抜粋する。

　市原先生の記述。
　　パストルさんの死によって、私は自分の最も敬愛する親友の一人を失った。親友といふも

市原豊太獨協大学教授夫妻と（1970 年）

のは年齢も近く性も同じく、長年つき合った間柄のことが多い。しかしこれらがすべて違っても、互ひに敬愛し合ふことも時にはある。パストルさんは私にとって正にかういふ友であった。年は三十も違ってゐたが、それを私は意識せず、学問と芸術上のよき友であるといつも感じてゐた。私が生きてゐる限り、もっといろいろ教へて貰ひたいと思ふ人であったのに、それが出来なくなったのはなんといふ心残りであろう。

一九七〇年六月、パストル嬢は大塚の癌研病院で久野博士から乳癌の手術を二回にわたって受けた。見舞に行くと右腕を挙げて見せて、早く黒板に字が書けるやうに、好きな水泳ができるやうに、慣らすのだ、と笑ひながら言ってゐた。そして退院後暫く静養の後、一ケ月ほどの予定で帰国し、九月一杯には又日本に戻るつもりであった。しかしそれは実現できず、秋・冬・春にかけて闘病の後、一九七一年四月四日南仏アヴィニョンの近郊ヴィルヌーヴの姉君カトリーヌさん宅で永眠した。

どうして彼女のやうな人柄が形成されたのだろうか。父君は陸軍の将校であった。彼女は三人姉妹の末娘であるが、一家は知的な雰囲気に包まれてゐたらしい。二人の姉君は一人はアヴィニョン、一人はパリ近郊で、共に高校で文学の先生をしてゐる。なほ長姉の御主人は前の手紙でもわかるやうに音楽家（作曲とピアノ）である。このやうな環境に育ったフランソワーズさんが、縁あってパリの東洋語学校で日本語を学び、日本に来て更に日本文化の研究に情熱を燃やしてゐたのは偶然ではないと思はれる。

フランソワーズから小椋先生への手紙（小椋先生による邦訳）。

ジャックリーヌにあいました。義兄が、私たちをボーに連れて行ってくれました。ここで、私たちは日本語で話してみました。——盲人の王国では片目でも王様！——「彼女たちはどこの国の人間だ？　東の方か？」など言われるのをきいて二人で大いに笑いました。

今夜、姉夫妻の友だちが、私の持って帰った日本のレコードを聞きにきます。尺八や琴、能などです。義兄は、日本の伝統的音楽に、西洋風なものが入り込むのは冒瀆だと言っています。どんな表記法をするか、——たとえば尺八の場合——知りたがっていますので、私は色々書き記しておいて、後でしらべたいと思っています。

テレビ等で、三島の死が報ぜられました。少なくとも、耳を貸した人は——と言うのは、大部分の人は注意さえしませんでした。——唖然としました。でも、何に唖然としたかと言うと、彼らにとってはあの行為が非常にエキゾチックだと言うことだけなんです。そして、大多数のフランス人は、自分たちには無縁のことと思っています。でも私は、日本の若者はどういう反応を示すだろうか、と思うのです。武士道というものが、すでに自分たちの遠くにあり、彼らにもやはりエキゾチックなものなのか？

かけ離れた時代のことのようにうつるのか？　私には、そうは思えないのです。とにかく、狂人の行為だ、などと言って、記事を脇へ投げ出せないのです。


この「第三号」ではフランソワーズの死は四月四日となっている。ところが前掲「三田文学」の中で次姉ジュンヌヴィエーヴは妹の亡くなった日を四月三日としている。この「三田文学」が出版されたとき小椋先生から「フランソワーズが亡くなった日は四月四日でしたよね」と確認の電話があった。「確かに四月四日と記憶しています」と私は答えた。根拠はフランソワーズの死亡を知らせる日本語の手紙である（「序にかえて」に記述）。この手紙はフランソワーズの親友により日本語で書かれ、ジュンヌヴィエーヴがパリで投函している。手紙の表には、私の名前と住所が不正確に書かれているにも拘わらず、奇跡的にも、当時世田谷区弦巻にあった銀行の独身寮に届いたのであった。

「第三号」の最終のページには、小椋先生がフランソワーズの一周忌に墓参りをした追悼文が掲載されている。

パストルさんの二人の姉上の招きにより。この春、私はこれらの手紙を携えて渡仏した。故人が死の苦しみを迎え、息を引き取った部屋で、そのベッドで、数日を過ごした。アヴィニョンの新市街、姉上カトリーヌの住まいの近くの静かな墓地に今彼女は永遠の眠りについている。十字架も、像もない墓地には、花が一杯咲き匂っていた。私は菊とあじさいを植え、赤い大きなバラをさした。三月末のうら暖かいある日、姉上カトリーヌは墓地からの帰りみち、しみじみとフランソワーズの最後の日を、時々立ち止まり、時々沈黙しながら、涙とともに語られた。パストルさんは死の直前まで、快復と、日本に帰れることを望み、また確信していた。死の日になって、ついにすべてを覚り、肉体と精神と、両方の激しい苦痛に耐え、実に立派に召されていった。

私には、本人の知らないことをみんな知りながら、知らないふりをして、しかも刻々の別れをしなければならなかった周囲の方々の胸中もまた如何ばかりであったかと思われた。パリのジュンヌヴィエーヴさんは、妹の病状が分かっていて、別れの時が来ることを思うと、毎週末にでも顔を見にアヴィニョンに飛んでいきたかった。でもそんなことをすればフランソワーズはどう思うか。敏感だからすぐに何かを読み取るだろう。そう思うと、我慢に我慢をしたが、ほんとうにつらかったと、話された。

一九七二年四月四日、一周年を記念するミサが、パストルさんの故郷、ミヨーに近いモーリヤックと言う小さな静かな村の聖堂で、ひっそりと捧げられた。
パストルさんの霊魂に永遠の安らぎのあらんことを！

フランソワーズは日本で二度の乳癌手術を受けたが、「今の医療技術をもってすれば、たぶんフランソワーズは助かったのではないかと思う」と、あるときブリュエル氏から聞いたことがある。今から五十年ほど昔の、乳癌に関する日本の医学界のレベルがどの程度のものであったのか。フランソワーズが自分の体調の異変を最初に告げたのは誰であったのか。ジュンヌヴィエーヴの記述によると、同じ職場のよき同僚であった小椋先生に相談したとある。しかし、遠藤にはまったく相談せずに行くべき病院を決めたのであろうか。

二〇〇七年九月より町田市民文学館において遠藤周作特別企画展が開催された。この企画展には当初より私にも協力の依頼があった。そこで次姉ジュンヌヴィエーヴと、フランソワーズの無二の親友であった小椋先生とを紹介した。ジュンヌヴィエーヴからはフランソワーズの遺作である遠藤周作の『沈黙』の訳稿オリジナルと日記等が提供された。小椋先生からは「獨協大学フランス文化研究」第三号が資料として提出された。
遠藤の「留学アルバム」からのフランソワーズの写真も同時に展示されていた。これらのフランソワーズの写真は、我々が教わったころの彼女とは相当に印象が違った。我々が初めてフランソワーズと接したのは彼女が三十六歳のときであり、遠藤がフランソワーズと知り合ったのは彼女が二十二歳のときである。当然、十四年間という歳月は肉体的にも精神的にもなんらかの変化がある。ただ彼女の意思の強さと純真性、純真であるがゆえに濁ったものを決して受け付けない芯の強さを、外面的な変化にも拘わらずそれらの写真から感じるのである。

遠藤周作がパリを去ってマルセイユまでの最後の旅をしたときの二人の写真もあった。その背景はマルセイユのノートルダム・ド・ラ・ギャルド大聖堂と思われる。彼女のスナップは聖女のようで、二十二歳という年齢を飛び越えている。この神々しさは、彼女が亡くなる一か月前にブリュエル氏により撮られたスナップとも共通するものがある。二十二歳のフランソワーズは死の直前にも感じたであろう運命をこのときすでに予兆として感じていたのではあるまいか。

家族のことが世間に本の形で出ることを嫌う長姉カトリーヌとは異なり、一九九九年の「三田文学」への特別寄稿以来、作家であるジュンヌヴィエーヴは書き残すことこそが妹への供養になると信じていた。また、ブリュエル氏撮影のフランソワーズの写真が遺族の許可なく使われたり、遠藤周作の伝記に遠藤からフランソワーズに宛てた手紙の日本語訳が勝手に紹介されたりしており、その所有権者の遺族として、焦りにも似た疑義をたびたび筆者に訴えられた。

先述の町田市で開催された遠藤周作特別企画展でも、ジュンヌヴィエーヴは筆者への書簡に次のように彼女の押さえきれない気持ちを記している。「遠藤が帰国の途次書いた手紙の文章を整然と陳列できたのは、企画展への遠藤夫人の許可があったからだと町田市民文学館が私に説明しましたが、私は納得できません。しかも展示は特別展の期間だけとのこと。全然、私の思うところとは違いました。私は企画展へ全面的に協力しましたし、だからこそ成功したのではないですか。それなのに、なおも障壁が立ちはだかっているのです！　提供者が考えている権利が少しも期待できないのですから」「私は誰にも（翻訳の）許可は与えていません」（二〇〇六年十一月十四日及び二〇〇七年十一月二十五日のジュンヌヴィエーヴから筆者への手紙より）

第10章　モーリヤック村を訪ねて

フランソワーズの死去から五十一年、生きていれば九十二歳である。往時茫々、人の生命の短さ儚さに改めて溜め息が出る。

私は一九七六年六月に家族とともにフランソワーズの墓のあるヴィルヌーヴ＝レザヴィニョンを訪れ、彼女の終焉の場所となった長姉カトリーヌ宅に投宿した。そのとき我々を迎えてくれたのは、カトリーヌ、ご主人のブリュエル氏、その母のガブリエル、カトリーヌ夫妻の双子の兄弟パスカルとディディエ、その子供たち、そして末娘のアンヌであった。

五十年近く、何年かおきに私はこの家族を訪問したが、単に妹フランソワーズの日本の教え子であるというだけで、毎回私を家族の一員のように暖かく迎えてくれた。ヨーロッパ駐在時代はほとんど毎年のようにヴィルヌーヴ＝レザヴィニョンを訪れていた。

一九九七年の訪問のおりにブリュエル氏が「ところでムッシュー・ナカニシは年齢はいくつなのか？」と私に聞いた。私は「五十歳です」と答えたら、ビックリして仰け反っていた。たぶん、相当に若いと思われていたのであろう。

二〇〇五年には、ブリュエル氏夫妻のダイヤモンド婚の案内が私の手許に届いたが、何かの間違いか、案内状が届いたときにはそのお祝いの日はとっくに過ぎていた。折角、久しぶりにカトリーヌ一家を訪れることができたのに、その機会を逃してしまった。手紙の投函が遅れたのは、直前に双子の息子の一人パスカルが亡くなったからであった。その悲しみが癒えぬまにダイヤモンド婚をすることに、カトリーヌ夫妻は躊躇していたのであった。

それから一年後である、ジュンヌヴィエーヴからブリュエル氏が心臓発作で倒れたという知らせが届いた（二〇〇六年四月四日のメール）。何度かのメールのやり取りで、ブリュエル氏はかなり重篤であることがわかった。ちょうど私は社用でスペインに行く予定があったので、その途次ヴィルヌーヴ＝レザヴィニョンを訪れる計画を立てた。ジュンヌヴィエーヴからもぜひ姉の家を訪れてやってください、義兄も日本からあなたが来てくれれば大喜びするでしょう、とメールが入った。

ところが、その後社用のスペイン行きはキャンセルとなってしまい、フランス訪問の計画は断念せざるを得なくなった。そして二〇〇六年五月二十七日、ブリュエル氏の訃報が届いた。あんなにも温かく我々を歓待してくれ、慈悲深い神父様のように優しかったブリュエル氏に、最後のご挨拶ができなかったことは返す返すも残念でならない。

二〇〇八年七月、アヴィニョンはすでに夏であった。いたるところで蟬が鳴いている。南仏に蟬の季節が訪れていた。アヴィニョンに着いて投宿したホテルは、満室のはずなのにえらく静かである。早朝とはいえ、朝食をとっているのは私一人である。なんとも腑に落ちない気持ちを抱きながら、いよいよアヴィニョンを出発した。今日は久しぶりに、ブリュエル氏一家の別荘のあるモーリヤック村を訪ねることになっている。今日中にミヨーを越えて目的地のモーリヤックに到着し、そしてまたアヴィニョンに帰ってこなければならない。

私は三十年ほど前と同じ道を辿った。ニームを通り、モンペリエを過ぎ、コース高原へと入っていった。やがてミヨーの町が見えてきた。穏やかで豊かなタルン川が水辺を輝かせている。ミヨーではすべての道が市の中央のマンダルー広場に出る。ここから道は放射状に分かれる。どの道を選択すべきか、三十年前もここで迷った。今回も迷ってしまったが、方角の見当からレピュブリック大通りを進んだ。しばらく上がったところで、県道一一一号線に出た。途中で何度も迷いながら、ついにサン・ボーゼリーの町に出た。ここからはモーリヤックの村も近い。

対向車が来たら避けようがないような田舎道をずんずん上ってゆく。いくら行っても民家が見えない。一度農家らしい大きな家の前を通過したがまったく人の気配がしない。そのうち、果たして自分は正しい道を進んでいるのか心配になった。いつの間にか山間の緑を白い霧が深く包み込んでいた。このとき林の中から大きな白いワシが悠然と飛び出して、霧の中に消えていった。道は今度は急に下り坂になった。ますます不安になってきた。モーリヤックへの道に下りがあっただろうか？　私の不安は増していった。

そこで念のために、来た道を一度引き返すことにした。しばらく戻るとトラクターと鉢合わせした。そこでトラクターの運転手の農夫にモーリヤックへの道を尋ねた。すると彼は「あなたが来た道をそのままどこまでも真っすぐに行けばモーリヤックに着きます」と教えてくれた。急いでユーターンしてまた同じ道をくねくねと下りて行った。やがて目指すモーリヤックの村が見えてきた。記憶にある教会の前を通り、村の中心（といっても十数軒しかないが）に入ると親子が車の整備をしていた。「ブリュエルさんの家はこのあたりでしょうか？」と聞いてみた。「ここを真っすぐに進んで村を抜けたところのすぐ左手ですよ」と親切な答えが返ってきた。

ブリュエル氏の別荘は大きな農家を改造したもので、目の前に広大な牧場があり、モーリヤックの村を抜けたすぐのところにあったと記憶が蘇ってきた。五分ほど走るともう村のはずれになる。誰かが道路の真ん中に立っている。末娘のアンヌである。正午ころ着くと電話で伝えてあったのに、なかなか到着しないので心配して迎えに来てくれていた。

ブリュエル氏の一家は、カトリーヌ、長女のマリー＝クリスティーヌ、末娘のアンヌの三人で待っていてくれた。一昨年はご主人を、その前の年には次男のパスカルを亡くしたカトリーヌは、身体はまだまだ丈夫そうであったが、精神的にはまったく拠り所をなくしてしまっていた。私が三十年前にこの別荘を訪れたこともよく覚えていたが、今は喜怒哀楽の表情に乏しかった。もっぱらマリー＝クリスティーヌが話の橋渡しをしてくれた。

ブリュエル氏が最後に撮影したフランソワーズの写真がピアノの上に立てかけてあった。私はその写真を現像して一枚送ってくれないかとお願いした。カトリーヌはいとも簡単に「いいですよ」と答えたが、果たしてそのネガがまだ存在しているものかどうか疑わしかった。

ひとしきり思い出話をして、そろそろアヴィニョンに帰らねばならないのでと腰をあげようとすると、「これから皆でレストランに行くことになっている」とのこと。フランス人と食事をすれば、昼飯とはいえ、二〜三時間は覚悟せねばならない。ましてや久しぶりに会った遠来の客との食事である。二時から食事を始めて四時に終わったとしても、アヴィニョンに着くのは早くても夕方七時ころということになる。私は覚悟を決めて皆に同行した。

食事は和やかに進んだが、一人マリー＝クリスティーヌがしゃべり、もともと物静かなアンヌがポツリポツリと話に割り込み、カトリーヌはとにかく寡黙であった。レストランのご主人の快活なおしゃべりに合わせ一瞬あの明るい笑顔を見せたが、それもすぐに消えてしまった。私がアヴィニョンのあとストラスブールに行くことになっていると言うと、すぐにマリー＝クリスティーヌが、何の用事でバカンス真っ最中のプロヴァンスから北のストラスブールまで行くのかと尋ねた。するとそれまで寡黙であったカトリーヌが「ムッシューは学会に決まっているでしょ」と口をはさんだ。カトリーヌは私のことを大学の先生だと勘違いしている。いや、妹フランソワーズの日本の交友関係のほとんどが大学の先生であることから、（私が教え子であったことは忘れて）

日本からの来客は皆学会で来ると思っているのかも知れない。

それから私は前から気になっていたことをカトリーヌに尋ねた。

「フランソワーズはチオンヴィルの生まれで、ジュンヌヴィエーヴはマインツでお生まれと聞いていますが、カトリーヌさんはどちらのお生まれですか？」

「私はその当時父の任地であったトロワで生まれました」

「？？？？」

「トロワです。スペルはTROYESです」

「TROYESでトロワ？？？」

「フランス北部オーブ県（シャンパーニュ地方）の県庁所在地ですよ」

こうして私は初めて不思議な発音をするトロワという都市を知った。同時に、カトリーヌが一九二〇年生まれで、ジュンヌヴィエーヴが一九二四年生まれであることも知らされた（フランソワーズは一九三〇年生まれ）。

ブリュエル家の面々と久しぶりの会食をした後、私はアヴィニョンへの帰路についた。マリー＝クリスティーヌとアンヌにお別れのキッスをし（カトリーヌはすでに二階の寝室で休んでいた）、霧の中を二人に見送られてモーリヤックの村を後にした。

モーリヤックからサン・ボーゼリーそして県道九一一号線と、帰りはスムーズに進路をとった。やがて道は大きく百八十度回転し、E一一の高速道路に入った。間もなく前方に「ミヨーの巨大陸橋」の威容が見えてきた。遥か眼下にミヨーの都市を見下ろしながら、私の車は高速で陸橋を渡っていった。モーリヤックの村はすでに彼方後ろの霧の中であった。

アヴィニョンに帰ってきた私は、まだ日が暮れていなかったので、ヴィルヌーヴ＝レザヴィニョンのフランソワーズの墓に赴いた。平日ではあるが、墓地の門は開いていた。人の気配はどこにもない。入口にいくつも立てかけてある大きな如雨露の一つを取り、水道の蛇口から水をいっぱいに入れた。そしてフランソワーズの墓に向かった。

ところが墓の方向がわからない。そんなはずはない、このあたりと思うところを行ったり来たりするのだが、以前と比べ墓が込み合い（この分では天国も過密状態か?）、なかなかフランソワーズの墓が見つからない。前回の墓参りからは相当の年数が経っていた。その間毎年確実に墓の数が増えてゆき、今ではこの墓地全体が満室状態になっている。

なかば諦めて帰ろうとしたが、今一度この方向と思うあたりに足を運んだ。そしてついに御影石の幅広い墓石に「フランソワーズ・パストル」という日本語を見つけた。横書きで書かれた揮毫は亡き市原先生の筆による。墓は林立する高層ビルの谷間の古い建物のように三十七年の歳月とともに目立たない存在になっていた。しかし私には黒い御影石の上に「フランソワーズ・パストル」と書かれた日本語が、夕陽に輝くサン・アンドレの丘を背景に、永遠の灯火に見えた。

第11章　大量の遠藤からの手紙見つかる

二〇一四年二月二十八日、パリのリヨン駅は雨であった。出発を待つ一等車の座席の大きな窓の外には、大粒の雨が落ちている。それらが幾筋にもなって窓ガラスに雨だれを作り、雨だれは縞模様の織物のように、キャンパスである窓に踊っている。

パリからブルゴーニュにかけて、ずっと雨であった。薄暗い曇天のもと、緑の平野が延々と続く。リヨンを過ぎたころから徐々に雨は止み、空も明るくなった。そして幾重もの葡萄畑が現れる。パリから走り続けた電車は最初の停車駅に到着した。ヴァランスであった。葡萄産地の真っただ中の古く美しい町である。ニームを過ぎるといよいよ南国に入る。徐々に今日の目的地モンペリエが近づいてきた。

ペルピニヤン行きのTGVはゆっくりとモンペリエ・サン＝ロック駅の構内に入った。駅舎全体が工事中である。とても迎えの人を捜せるような状況ではない。私はタラップから降りてすぐにあった地下道への入口に向かった。そして地下道から地上に出ると、そこはまさにタクシー乗り場であった。しばし周りを見渡し、誰もそれらしい人物がいないことを確かめてから私はタクシーに乗った。そして携帯電話を取り出し、エマニュエルに電話した。

「エマニュエル？　ナカニシです。モンペリエに着きました。今、タクシーに乗ったところです。これからホテルに向かいます。ホテルでお会いしましょう」

「ええ、私も駅に行きましたが、工事中で人を捜すどころではありませんでした。では、ホテルでお会いしましょう」

ホテルにチェックインをして、部屋で着替えをしていると電話が鳴った。なんと、もうエマニュエルはホテルに到着している。私は慌ててラフな服装に着替えてロビーに降りていった。ロビーの受付の前には初めて会うエマニュエルが待っていた。母親似の小柄な女性であった。

「エマニュエル！」

「ムッシュー、ナカニシ！」

二人は大昔からの旧知のように抱擁しあった。私は彼女に会うためだけに、日本からフランスにやって来た。前年五月に東京で、かつてのフランソワーズの親友と会食したとき、その女性からエマニュエルの母親である次姉ジュンヌヴィエーヴの死を知らされた。私はすぐに、ジュンヌヴィエーヴが保管していたフランソワーズの手紙類の資料のことが心配になった。

「ところでフランソワーズの資料はどうなったのでしょうか？」

「おそらく娘さんが引き継いだはずです」

「それでは娘さんとコンタクトできませんでしょうか？」

「わかりました。帰国しましたら調べて連絡しましょう」

その親友がフランスに帰国後、しばらく経ってから連絡が入った。モンペリエに住む娘のエマニュエルがすべてを引き継いでいるので、彼女に連絡を取るようにとのことであった。私は指定されたメール・アドレスに、これまでの経緯を説明して送信した。当然、母親の遺産の相続人であるので、エマニュエルはジュンヌヴィエーヴの二人の娘の内の長女と思っていたが、彼女は次女であった。長女のマリー＝パスカルはポワチエで医者として多忙な日々を送っている。

そういえば、初めてジュンヌヴィエーヴ宅を訪れたすぐあとのジュンヌヴィエーヴの手紙には「……私は直ちに娘のエマニュエルにあなた（筆者）とのこの度のめぐり逢いについて話しました。エマニュエルはフランソワーズに一番なついていたからです。彼女はあなたがフランソワーズに関する本を書くことにとても期待を寄せています」と書かれてあった。私はエマニュエルに、ジュンヌヴィエーヴから引き継いだフランソワーズの資料を是非とも見たいので、そちらに訪問してよいかと尋ねた。私の突然の申し出に対しエマニュエルは当然のようにいつでもどうぞと答えてくれた。こうして、あっという間に私のフランス行きが決まったのであった。

成田を発ったのは二〇一四年二月二十七日であった。初めて乗ったスーパーエコノミーの座席であったが、プライオリティの扱いであり、まずは快適な旅となった。フランスに行くときはいつも十二時五十五分発のエールフランス二七五便を利用している。前回のフランス行きは二〇一三年の十月であったが、この時は社用であったのでビジネスクラスであった。今回のスーパーエコノミーの乗り心地はビジネスクラスとあまり変わらない。睡眠時間も十分に取れ、無事シャルル・ドゴール空港に到着した。

パリのホテルは今回はオペラ座近くの「ノルマンディー」という初めて泊まるホテルであった。場所はルーブル宮殿にも近く、典型的な外国人用のホテルである。ホテルの従業員たちのサービスはとても親切とは言えないが、観光客慣れしており事務的なミスはなかった。朝食もほとんどが日本人客で占められていて、清潔で値段的にも納得のゆくものであった。翌日はホテルの前のタクシー溜まりからタクシーを拾い、朝日にキラキラ光るセーヌ川に沿ってリヨン駅へと急いだ。やがてタクシーはセーヌ川に並行した地下道へと入っていった。ここでダイアナ妃が交通事故で亡くなったのは、もう何年昔のことであろうか。

日本を出発する数日前、エマニュエルから必ず迎えに行くからというメールが入っていた。そして、出発の当日、念のためもう一度メールを開いてみると、「必ず十三時三十四分までに空港に行く」とあるではないか！　私は慌てて「十三時三十四分に着くのはモンペリエ駅であり、空港ではない」と知らせた。そのまま成田空港に向かったので、果たして私の返信が彼女に確かに伝わったかどうかわからなかった。モンペリエ駅に着いたとき、私の返信通り彼女が空港でなく鉄道駅に来てくれているか不安であった。しかも駅舎は全館工事中であった。そこで、私はまずタクシーに乗って携帯電話で彼女に電話をしたのであった。

翌日、私はエマニュエルの運転する車で彼女の自宅を訪れた。低所得者用の単身者が入居できる市営アパートであった。二階にある彼女のアパートは日本人から見ると結構な広さがあり、２ＬＤＫといったところである。

さっそく、ジュンヌヴィエーヴがエマニュエルに託したフランソワーズの資料を見せてもらった。遠藤周作がフランソワーズに送った手紙の数々である。私は、それらを手当たりしだい写真にとった。ほとんどが一九五三年にマルセイユから赤城丸に乗船してからの手紙である。なかでも蛇に驚いて泣きべそをかくフランソワーズのイラスト入りの手紙は出色であった。これらの手紙は二十九歳の遠藤が帰国の途次、二十二歳のフランソワーズに対し、青春の情熱とともに書き送った書簡である。一九六〇年に出版された北杜夫の『どくとるマンボウ航海記』にも匹敵する内容と言えよう。いたるところに後年の遠藤周作の作品の萌芽が示されており、遠藤文学の核心をとらえるための貴重な資料の一つである。当然のことではあるが、すべての手紙はフランス語で書かれていた。

翌日、私はエマニュエルの車でヴィルヌーヴ＝レザヴィニョンに向かった。モンペリエからは約一〇〇キロの距離である。アヴィニョンまでほぼ一直線の高速道路を走る。途中でヴィルヌーヴ＝レザヴィニョンへの脇道に降りる。プロヴァンス独特の小高い丘をいくつも通り抜け、見慣れたヴィルヌーヴ＝レザヴィニョンの町が現れた。単線の鉄道線路の下をくぐり、徐々に坂道を上る。今日のホテル「マグナレヌ」に到着する。すぐに、二人で歩いて五分ほどの墓地に向かう。エマニュエルと二人そろってフランソワーズの墓にお参りをしたのだが、モンペリエから私を車に乗せてきたエマニュエルは早く家に帰りたい様子。ホテルから二〇メートルほどの距離にある長姉カトリーヌの家に挨拶にいったほうがよいのではないか、との私に提案に対し、彼女は「最近は伯母さんは会っても、もう私が誰だかわからなくなっているから……」とまったく乗り気でない。私はすぐにエマニュエルをモンペリエに帰した。そして、改めて一人でカトリーヌの家まで行ってみた。門が閉ざされ人の気配がしない。巨木となった松の木と、庭いっぱいに繁ったさくらんぼの樹が息をひそめていた。

二〇一五年も私はモンペリエを訪ねることにした。出発の一か月ほど前の五月二日（フランス時間、五月一日）にエマニュエルからメールが入った。

ボンソワール、ショウゾウ
あなたに悲しい知らせを送らねばなりません。私の母の姉であり、フランソワーズの長姉でありますカトリーヌ・ブリュエルが、モンペリエの病院で昨日（四月三十日）九十四歳の生涯を閉じました。それは美しく長い人生でしたが、人生というもののあっけなさを考えるとき、叔母のフランソワーズのことを思い出さずにはおれません。世の中はなんと速く流れてゆくのでしょうか……。

私は直ちにエマニュエル宛弔電を送った。二〇〇八年七月にカトリーヌをモーリヤックに訪ねたとき（カトリーヌと会えるのはこれが最後ではないかと予感しながら）作った詩「Sur la lune」も添えて送信した。折り返しエマニュエルから次のメールが送られてきた。

ショウゾウ
あなたの愛情に溢れたメッセージに心より感謝いたします。私はすぐにあなたの詩をジャン＝ミッシェル（カトリーヌの長男）に送りました。彼もその詩に深く感動し、皆の前で声高く朗誦しました。そして彼の弟も姉妹も、皆涙を流して聞いてくれたそうです。伯母の葬儀は火曜日にヴィルヌーヴ＝レザヴィニョンで行われます。私も参列いたします（あなたの代理出席も兼ねて）。

六月十二日、私は成田を発ってパリに向かった。今回はシャルル・ドゴール空港から飛行機で直接モンペリエに行くことにした。そしてヴィルヌーヴ＝レザヴィニョンのカトリーヌの家を弔問のため訪問する予定であった。ところが、直前、ジャン＝ミッシェルよりメールが入り、「誠に申し訳ありませんが、あなた（筆者）が到着する週はモーリヤックの別荘で家族全員の母親追悼の集まりがあります。従って、ヴィルヌーヴ＝レザヴィニョンには誰もおりません」とのことであった。従ってヴィルヌーヴ＝レザヴィニョンにはフランソワーズとカトリーヌ夫妻のお墓参りだけで行くことにした。

モンペリエに到着の翌日、エマニュエルがホテルに現れた。そして開口一番、彼女は私にこう告げた。

「ムッシュー、ナカニシ。大変なことがわかりました。昨年見せた遠藤周作の手紙はほんの一部で、ダンボールの中からたくさんの遠藤からフランソワーズへの手紙が出てきました！」

「お母さんが五通しかないと言っていたのは、間違いだったのですか？」

「五通以外は叔母が燃やしてしまったと思っていたのですが、母がすべて保管していたのです！」

これはとんでもない発見である。これまで何度か、ジュンヌヴィエーヴと遠藤の手紙について話してきたが、彼女は私に手紙は数通と言っていた。町田市民文学館に出した手紙類（オリジナルでなくコピー）も五通のみであった。しかし、彼女の話や手記や「三田文学」への特別寄稿を見る限り、この五通だけでは腑に落ちなかった。「あんなにも愛し、婚約までした遠藤が……」という言い方を、これらの手紙では十分に裏付けられなかった。フランソワーズの死後、モーリヤックの別荘から何通かの手紙が見つかったという文章からも、量的にもおかしい。

「遠藤の手紙はどのくらいあったのですか？」

「約二十通あります」

早速、彼女のアパルトマンに行き、手紙類を確認した。それはまぎれもない、一九五二年から始まって、一九六〇年までの遠藤直筆の手紙、葉書であった。それからエマニュエルは、こんな日本語の手紙も出てきたと、一枚の便箋を私に渡した。それは、一九七〇年の秋に出された遠藤からフランソワーズへの手紙であった。彼女が翻訳した（ほぼ完成した）『沈黙』についてフランスの出版社から問い合わせがあったので、その手紙を同封するのでフランソワーズから返事をするようにとの内容である。

八月にガンケン病院に電話をしましたら、もう仏蘭西に帰国したと聞かされ、少し驚きました。帰る前に少し会いたかったと思います。

しかし、その後お体はいかがですか。放射線は受けていますか。再発予防のためには仕方ないとはいえ辛いことでしょう。どうか勇気をもって病気を治してください。そして早く良くなって日本に来られますことを祈ります。

日本のすさまじい暑さもやっと収まり、万国博の人たちも帰っていきました。やっと涼しくなりました。私も今、長い小説を書いています。

ところで、カルマン・レビイ社からあなた宛に次のような手紙が来ましたので同封します。あなたからカルマン・レビイ社に返事を出してください。『沈黙』の訳のことです。

その後の御容態や生活について御知らせくだされば嬉しく存じます。

手術で悪いところは切ったのですから、あとはゆっくり休み、ゆっくり体力をつけて下さい。

遠藤周作

フランソワーズ様

この手紙を読む限り、遠藤はフランソワーズの病気の重篤性をわかっていない。なぜ彼女があたふたと帰国したのか、理由を図りかねている。二度の手術をしたにも拘わらず、すでに手遅れで、医者に見放されて帰国したとは夢にも考えていない。

私はエマニュエルに言った。

「この手紙は遠藤が生前のフランソワーズに出した最後の手紙だから大切にするように」

「わかりました。日本語関係のボックスに仕舞っておきます」

しかし、この私の忠告がかえって悪かったのか、一年後に再訪したときこの手紙は見当たらなかった。日本語などまったくわからない、どちらが縦なのか横なのか、どちらが上なのか下なのかもわからない彼女にとって、時が経てばただの紙切れになったのかも知れない。当然、日本語の書類専用として使用していたダンボール箱を何度もさらってみたが、どこにも見当たらなかった。いったい、あの遠藤の手紙はどこにいったのだろうか？　コピーをとっておいたのが不幸中の幸いであった。

モンペリエに宿泊の後、私はアヴィニョンに移り、フランソワーズの墓のあるヴィルヌーヴ＝レザヴィニョンのいつもの宿に一泊した。午後、昨年と同じジャン・ジョレス広場のレストランで昼食をとった。昨年と同様、羊の肉とプロヴァンス・ワインでお腹はいっぱいになった。そして私はその足で花屋に立ち寄り、墓石に供えるグラジオラスを一束買った。カン・ド・バターユ通りを北上し、間もなくお墓に着く。大きな如雨露に水を入れて運ぶ。日本から送られたフランソワーズの墓石は、多くの墓石の間に埋もれてはいるが、年月とともに美しく輝きを増している。

フランソワーズの墓の左隣がブリュエル氏の両親の墓、そのまた隣がブリュエル氏とカトリーヌの墓である。カトリーヌの亡骸は一か月前にこの墓に埋葬されたばかりである。私は三つ並んだ墓にそれぞれお花と水をやり、手を合わせた。こうしてフランソワーズ、カトリーヌ、そしてブリュエル氏とその両親の墓参りを静かに終えた。

第12章　未完の仏語訳『沈黙』

二〇一六年も私はモンペリエに行くことにした。エマニュエルが保管しているフランソワーズの資料をそのまま寝かせておくことは、母親であるジュンヌヴィエーヴの遺志にも背くのではないかと考えたからである。文学的にはまったくの素人の次女が、自分の家にそれらの資料を保管していても、ただただ資料が古くなって使い物にならなくなるのを待つだけである。実際、二年前に見た手紙類は、その後、四隅が破けてきていたり、紙が折り重なって字が読めなくなっていたり、部分的に裂けていたりして、どう見てもぞんざいな保管状態である。早急に然るべき正式な保管場所に収める必要があると考えた。

私は前もって、とりあえず遠藤の手紙はすべて私の方で保管し、一方これらの手紙の存在について日本の大新聞で発表したいと、エマニュエルにメールで連絡した。エマニュエルは医者の姉と相談をし、私の申し出を快諾してくれた。私は早速、六月初めのフライトでパリ行きのエールフランスを予約した。そしてエマニュエルから遠藤の手紙を受け取る際の契約書もフランス語で作成した。所有権は飽くまでエマニュエル側にあること、日本の大新聞に手紙の存在を知らせる記事を載せること（注）、日本語への翻訳権は排他的に（独占的に）筆者が持つことが書かれてある。

（注）二〇一七年四月二十二日、日本経済新聞の文化欄に「遠藤周作『罪』の原点」と題した遠藤からフランソワーズへの手紙の記事が掲載された。

成田から出発する日の一週間前になって、老人ホームに入っている私の母親の容態が急変した。入院した病院から至急帰省するように電話が入った。私は急いで広島に帰った。ベッドの上の母親は涙を流して喜んでくれた。母親は弱々しい手で私の手を力いっぱい握った。翌日も母親は私がまだいることに喜んでくれた。三日目には母親の目はうつろであった。私がいることは理解したようであった。しかし、私が握った母の手はすでに冷たかった。その日の夕刻、母親は静かに天に召された。六月一日午後五時、享年九十三であった。

私は急遽フランス行きをキャンセルした。この日から一週間、母親の弔いのための重い毎日が始まった。最初の夜は、母親の棺とともに二人だけで一夜を明かした。物言わなくなった母親と、実に静かで穏やかな見送りの夜であった。

葬儀関係が一段落したのは一か月ほど後であった。フランス行きのキャンセル料として私は約三十万円ほどを捨てることになった（これも葬儀費用と言えるかも知れない）。改めてエマニュエルと連絡を取り、九月にモンペリエに行くことに変更になった旨メールを入れた。

九月が近づくと、毎日台風が気になった。九月や十月の秋に海外に行く場合、必ず台風のリスクがある。それでも私はラッキーにも、台風と台風の間を抜けて、九月九日に成田を出発した。いつも利用するエールフランスの二七五便である。その日の午後四時二十五分にシャルル・ドゴール空港に到着、二時間ほどの待ち時間を経て、六時三十五分に同空港を出発、モンペリエには午後七時五十五分に到着した。ホテルに着いたのは九時を回っていた。前回泊ったホテルは今回満室のため、近くの別のホテルを予約しておいた。

この時間、もうレストランのほとんどは閉まっていた。仕方なくホテルのレストラン兼キャフェテリアで軽い食事をとった。フランスのレストランで一人で食事をすることは、いつものことながら勇気のいることである。「カップル」が一つの社会単位であるフランスにおいて、ナイフとフォークの備わったレストランでたった一人で食事をすることは侘しいものだ。いつだったか、ブリュッセルのホテルのレストランで一人で夕食をとっているとき、近くのテーブルで素晴らしく気品のある婦人が一人で食事をしていた。私はボーイにシャンパンを彼女の席に運ばせた。そして、フランス語で「ご一緒に食事はいかがですか?」と誘ってみた。彼女は気持ちよく応じてくれ、ウイーン出身の画商の彼女と誠に楽しい夕餉を過ごすことができた。そういったラッキーな出来事もあるにはあるが、通常は侘しさと不条理とを感じながらの食事である。

翌朝、エマニュエルがいつものようにホテルに来てくれた。私はちょうど受付で日本に電話をしていた。今度のホテルは駐車場がわかりづらく、駐車するまで何度もぐるぐる回ってしまったと、エマニュエルはブツブツ言っていた。さて、またしても彼女のアパルトマンを訪れ、いよいよ日本に持ち帰る手紙の選定である。彼女はすでに遠藤の手紙類を持ち出せるように準備してくれていた。このとき、エマニュエルより、「封筒から便箋を出して、それぞれ一括して大切に袋に入れました」という衝撃的な事実を知らされた。遠藤の手紙には基本的に日付がない。したがって、便箋と封筒はセットで保管しなければ手紙の日付がわからなくなる。それをバラバラにしてしまったとは！

エマニュエルとしては親切心から封筒と便箋を別々にしてしまったのだろうが、この際それを咎めてみても仕方がない。遠藤からフランソワーズへの十六通の手紙と十八枚の封筒、三枚の絵葉書、フランソワーズから遠藤への日本語の手紙、それに大出晃氏からの手紙、これらをファイルに納めた。それからもう一つ、投函されなかった遠藤宛のフランソワーズのフランス語の手紙が出てこない。エマニュエルは必死になってダンボールの中を捜してくれた。そしてようやく、その手紙と封筒が出てきた。ただし、既述の通り遠藤がフランソワーズに最後に送った日本語の手紙はどこかに隠れてしまい、どのダンボールをひっくり返してもついに出てこなかった。

申し訳ない顔のエマニュエルは、それらの手紙類とは別に、フランソワーズが仏訳した『沈黙』の分厚い原稿をとり出してきた。母親のジュンヌヴィエーヴから引き継いだ、フランソワーズの『沈黙』の翻訳の生原稿であった。手打ちのタイプで打たれたフランス語の大作である。パラパラとめくってみると、本格的な翻訳であることがわかる。札幌時代に遠藤から勧められてフランソワーズはこの翻訳を始めている。なかなか立派な翻訳だが、第七章で終わっている。

ジュンヌヴィエーヴの「三田文学」特別寄稿によると、『沈黙』の翻訳が完成しなかったのは、フランソワーズの病と死のためであった。なお、現在入手できる『沈黙』の仏訳はガリマール出版社のフォリオ版であるが、これは英語からの重訳であり、ほかにフランス語の『沈黙』は見当たらない。一九七〇年秋の遠藤からフランソワーズへの日本語の手紙で、遠藤はフランソワーズに「カルマン・レビイ社に返事をしてください」と指示しているが、フランソワーズとカルマン・レビイ社との翻訳契約はどこまでなされていたのであろうか。

フランソワーズの『沈黙』の翻訳が進むにつれ、その解釈において遠藤との間にしばしば鋭い対立が起きている。その経緯についてジュンヌヴィエーヴは「三田文学」特別寄稿の中で、次のように説明している。

一九七〇年の手紙から。「例の翻訳を再開しました（作者の俗物化と自己正当化の過程はあまりにも進行しすぎていて、今さらそれを変えられると思うのは多分幻想にすぎないと思うけれど）。しかし私は自分に責任があると思うし、悔恨の念にさいなまれるのはいやだから、立ちむかうのです。」（中略）

なん通もの妹の手紙からわかるのは、妹の正直な批判のせいで、遠藤周作がすっかり感情を害し、その結果、妹がどれほどとまどったかということである。遠藤は、内容についての対話は回避しつつ、つっけんどんで、横柄な態度をとり、妹のことを傲慢で無礼だと言って非難した。このような対応は、たんに自尊心が傷つけられたというようなものではなく、ポールの深刻な誤解をあらわしている。こうして二人のあいだに重大な危機が発生し、妹はそれを克服しようと試みた。

フランソワーズの言葉の内容の激しさや口調、自分のした批判の意味が理解されず、ただ傲慢さのあらわれと取られることにたいする怒り、そういうものをポールは、礼儀を知らず敬意を欠いているしるしとして解釈するふりをした。実際、文学的、人間的、宗教的次元における自作への批判的な目というものは、それがとくにフランソワーズからのものである場合、遠藤には受け入れ難いのだった。ところが、フランソワーズにとって、愛というものは、「良心と良心の」真の交流なしには考えられないものだったのだ。

フランソワーズのいかにもヨーロッパ的な、「良心と良心の」ぶつかり合いは、どのように解決されたのであろうか。フランソワーズの遠藤への日本語の手紙などにそれは読み取れる。「しかし、『沈黙』という本が大好きになっただけに、何と辛いことでしょう。踏む、こわい、踏む、きらい。／『沈黙』の作者の誠意を信じています。とっても詳しく説明してくれましたこと、心から御礼申し上げます」。「そうして、あなたは怒るはずである。けれども、私にはあなたが一番大切な、掛け替えのない人であるからです」。残されたフランソワーズの分厚い『沈黙』のフランス語原稿を見る限り、遠藤とフランソワーズが火花を散らして出来上がった（フランソワーズにとっては全人格的な良心で立ち向かった）作品であることがよくわかる。未完ではあるが『沈黙』のフランス語版としては一番作者に近い翻訳ではなかろうか。

なお、『沈黙』の翻訳で対立した遠藤とフランソワーズの関係を、「三田文学」特別寄稿の翻訳者である高山鉄男氏が、『新潮』（二〇〇〇年六月号）で詳しく分析しており、その全貌はほぼ語り尽くされたと言える。高山氏は、冷静に、若干辛口に（遠藤周作寄りに）、次のような文章で締め括っている。

意見の対立がとげとげしいものになったのは、二人の関係がすでに双方にとって耐え難いまでに不自然なものになっていたからにちがいない。フランソワーズは積もり積もった不満を、『沈黙』批判という形で爆発させたのだ。

（中略）

フランソワーズは無神論者であった以上、その批判は、遠藤文学が前提とする信仰そのものに向けられるべきであって、それなら遠藤さんとしても応じようがあったろう。しかし、キリスト教そのものを正しくないと思っている人から、「あなたのキリスト教理解は正しくない」と言われても返答に窮するであろう。フランソワーズの批判には、ヨーロッパ人だから、キリスト教のことは東洋人よりもよくわかっている、という傲慢さが、何となく感じられる。

エマニュエルとの最後の打ち合わせの日、ホテルまで送ってもらった後、二人で近くのレストランに行くことにした。「シェ・ボリス」という肉専門店である。ワインはプロヴァンスのロゼ（七十八ユーロ）にした。まずまずの料理とワインに満腹してホテルまで二人で散歩した。そしてまた、一年か二年会えなくなることに多少郷愁を感じながら（その後まさかこのような新型コロナ禍による国際的な断絶が始まるとは夢思わなかったのだが）、エマニュエルに軽くビズー（bisou）をした。ささやかな、大人の男と女の挨拶であった。

翌日は一日中フリーのためモンペリエからアヴィニョンまで電車で行き、フランソワーズの墓参りをすることにした。モンペリエ中央駅でアヴィニョン行きの切符を買わねばならない。駅員に場所を尋ねると、すぐ近くに自動販売機があるので、そこで買えばよいとのこと。機械はすぐに見つかり指示通りボタンを何度も押してみた。しかし、アヴィニョン行きの急行の切符が出てこない。自分のフランス語の読解力の問題なのか、あるいは機械があまりに複雑なのか、よくわからない。これでは埒があかないと思い、改めて駅員をつかまえて「切符売場」を尋ねた。駅の中央奥にその場所はあった。ほとんど並ぶこともなく無事に切符が買えた。

出発までにはまだ時間がある。そこで駅構内をブラブラ歩いていると、ピアノが一台置かれてあった。しかも、「誰でもご自由にお弾きください」と書いてある。どれどれと座ってそのピアノを弾いてみた。案の定、調律は不十分、しかも「ファ」が鳴らない。さらし者状態のそのピアノは廃棄寸前の代物で、捨てるには少し惜しいので最後の余生のためにここに置かれたのであろう。

アヴィニョン中央駅に着くと、ここにもピアノが置かれてあった。こちらの代物は「ペダル」がまったく機能しない状態であった。今回の旅で目についた、「駅構内に置かれたピアノ」はテロ対策と何か関係があるのだろうか。パリ同時多発テロ事件（注）以降、非常事態宣言下にあるフランスの公共の場所は、至る所軍隊が警戒している。そのものものしい警戒体制とは真逆の、「誰でもご自由にお弾きください」というのんびりとした代物とは、どうもフランス的に折り合うものがありそうな気がする。（その後、今やどの国でも、日本でも、空港や駅構内に自由に弾けるピアノが置かれるようになった）。

（注）二〇一五年十一月十三日、パリ市街と郊外でイスラム過激派により起こされた凄惨なテロ事件。死者は一三〇名、負傷者は三〇〇名以上に及んだ。

ヴィルヌーヴ＝レザヴィニョンのいつもの花屋は臨時休業であった。花が買えないまま私は墓

Françoise PASTRE ✳1930－✝1971

地に一人で入っていった。入口でいつものように大きな如雨露を取り、水を満たしてフランソワーズの墓に向かった。毎回、毎回、「これが最後の訪問」と思いつつ墓参りをしている。今回も誰に会うこともなく広い墓地の中で私とフランソワーズだけの祈りの時間が持てた。一人の東洋人がこんな田舎の墓地で墓参りをしている姿はなんとも奇異なことかも知れない。しかし、その祈りをしている御影石の墓石には、はっきりと「フランソワーズ・パストル」と恩師の名前が書かれている。そして日本語の下にはフランス語でフランソワーズの名前と、生まれた年と亡くなった年が。

附録

次姉ジュンヌヴィエーヴ・パストル手記

一九五四〜一九六七年

この時期はフランソワーズにとっては実りある期間であると同時に、過酷な期間でもありました。なぜなら、ポール〔遠藤周作〕が一九五三年と五四年にフランソワーズに愛の手紙を送ってのち、手紙が突然途絶えてしまったからです。彼女の毎日は、郵便配達員の訪れるのを待つ日々となりました。

当時、私はパリの郊外に住んでいました。メーン・ロワール県のソミュールで教鞭をとっていたので、彼女には「その後、便りはあるの？」と聞くことしかできませんでした。一九五四年春に彼女に宛てた手紙には、「良い便りはある？　そのうち手紙が届いて、詳しい近況が知らされて、あなたはきっと元気になれるわ」と書きました。「近況」という言葉の後に、一度ピリオドを打ちましたが、それをコンマに変えたのでした。

ポールが帰国の旅の途上で書いたすべての手紙が届いた後は、手紙は間遠になり、そのことを妹はとても心配していました。私たちは、彼は重病になっているのではないかと考えました。そのうち、ポールの病が重篤になり、亡くなってしまうのではないかと、フランソワーズはとても心配していました。正確には言い表せませんが、ポールがそのような重体になっている事実を知ることに、底知れぬ恐怖を感じていました。私たちは詳しい話をしなくとも、本質的なことはまったく隠しませんでした。私たちの間では隠し事はありません。私たちは不平を言うことは好きではありません。それは我が家の家風でもありました。自分のことにあまり関心を持ってはいけない、そういう関心を軽蔑すべきだという教育を受けていたのです（それは高貴な態度ですが）。無意味でしかも人目を引くように嘆いてはいけない。よくある女性どうしの打ち明け話はいけない、という教育でした。また、平凡な心理学に陥ることもありませんでした。私たちは、男性を誘惑する方法についてはまったく関心はなく、私はそこに、ある例外的な尊厳があったと確信しています。真実から遠ざかり、その中に閉じこもり、少なくとも習慣や儀式に留まって人間関係を容易にする、社会一般の所謂「愛の遊び」の中にいたわけではありません。私たちは他人にも同じ見識があると信じていたのも事実です。そして、結果として、下劣で下品な現実を見て、しばしば仰天したものです。これこそがおそらく私たちの人生の唯一の失敗です。

手紙が届くと、彼女はすぐに知らせてくれました。私は返事を送りました。「ポールからの手紙は私たちの心を慰めてくれます。心の底から、あなたが素晴らしい便りを受け取れると、そう思っていました」。

彼女は父親をとても恐れていました。父は道徳の面では、大変な厳格主義者であり、事と次第によっては、家庭での隠し事には絶対妥協しませんでした。しかも、ポールの病気は結核でした。当時、それは恐るべき不治の病でした。彼女も私も、両親がこのような条件の結婚に拒否権を発動するであろうことはわかっていました。叔母（父の妹）が、家族の反対を押し切って結核患者の青年と結婚し、彼は一年後に亡くなってしまいました。断じて同じ轍を踏むわけにはゆきません。

フランソワーズは容易に家族の修羅場を想像することができました。そして、母がこのことを知ったなら、どんなに苦悩するかと心配していました。彼女は八方塞がりの状態でした。当時の普通のブルジョワの家庭は絶大な権力を持っていました。彼女は、家を出てゆくと反駁することもできたでしょうが、そのころの社会道徳の圧力を無視することは極めて困難でした。同じ時期、日本でもそれは大変困難なことだったでしょう。なにしろ日本では、結婚に「お見合い」という特別な制度があると聞きます。

長姉のカトリーヌも大変父親のことを恐れていました。何年か前に、彼女が私に告白してくれました。彼女の恐れは決して間違ってはいません。なぜなら、父親は後年私にこう言いました。「もし自分がパリにいたなら、絶対に（カトリーヌとブリュエル氏との）結婚を認めることはなかった！」父が問題にしたのは、カトリーヌの相手がよりによって「芸術家」であったことです。それは許しがたく、愚劣なことであり、なにしろ父にとって「芸術家」は、ひとえに軟弱な人間を意味していました。ところが、二人が婚約したとき、父はドイツで捕虜になっており、自分の意見をカトリーヌに言うことは不可能でした。私が離婚を決意したときも、少し経ってから、父は介入してきたのです。一九五七年にその悲惨なドラマの幕は切って落とされました。そのときの父の、自分しか私を説得できないという芝居がかった行動を呪わずにはおれませんでした。私たち夫婦は、自分たちが話し合っていることについては承知していました。父からはどのような救出もありえませんでした。

私と妹は、この際ポールからの返事が宙ぶらりんになった状態であっても、フランソワーズが生計をたてて日本への旅費が貯まるまで、何も言わずに時間稼ぎをして待った方がよいと考えました。ポールの考えはその後どのようになったのか、彼の母親はどのように二人のことを知ったのか、少なくとも彼の周辺の環境はどのようなものであったのか、フランソワーズは不安を抱えたままでした。今でも想像するしかありませんが、当時の彼の親友や家族は、真の動機を知りえていたはずです。このことについて彼からはほとんど説明はありませんでした。けれど、日付のない手紙に、彼は次のように書いています。「昨年の終わりに母が亡くなりました。……いずれにせよ今年私は三冊の本を出しました……もう一つは六月の初めに上梓されます」。そこで、私は何年に出版された本なのか調べようとしましたが、彼の作品のフランス語版からは日本のオリジナルの出版日を確認することはできませんでした。私は関係者の儀礼的な態度を恨んでいます。

さらに、フランソワーズがたびたび連絡をとっていたポールの友人たちの小さなグループ以外からは、ポールの具体的な情報がありませんでした。フランソワーズとポールがその短い逢瀬の期間に、多くのことを語り合ったとしても、ポールがフランソワーズに話した貴重な情報の信憑性については、彼女は自分で判断しなければならなかったことは明らかです。しかし彼女は、客観的な判断ができる状況にありませんでした。ポールの友人たちからもたらされた情報は、ポールに有利なものではありません。ポールの友人たちは彼の行為を弁解しようともしなかった。彼らは一刻も躊躇することはなかった。予告と実際の判断はいつも違っていました。ポールは移り気で、彼は自分の言葉を裏切っていたのです。それはフランソワーズにとって、すべてが神の御加護でしかなく、決して情状酌量されるものではありません。家族、健康、その他。二度目の手術の際に書かれた、彼女のアパートで見つかったノートの最後に、次のような言葉が記されていました。「Salaud［卑劣漢］」と「Furosoke［ほら吹き?］」。

しかしながら、（ドイツ軍が崩壊に向かっていた時期に）母が（ラルザックの斜面にある）葡萄畑でドイツ将校から葡萄を所望されたエピソードを、遠藤は自分の著書に書いています。遠藤がこのエピソードを使ったことは、二人がいろいろと私的なことを話し合った証拠です。そしてこの小さなエピソードはポールにとって重要でした。と言うのも、彼もまた極東の戦争で同じような体験をしていたからです。

フランソワーズは、アレクサンドルのようなパリのポールの取り巻きであった友人たちから、彼についていろいろ教えてもらったのでしょう。彼女はおそらく、自問していたはずです。彼は誘惑者なのか？　極度に繊細な彼女は、彼の態度が理解できず、意味のわからない微妙な面もあって、それは彼女にとって直感的にとても不安だったのでしょう。彼女は自ら尋ねるべきでした。どれがポール個人の態度で、どれが文化がもたらしたものなのかと。もし十分なお金があれば、彼女は確実に旅に出たでしょう。ポールが私たちの父親との話し合いの取り次ぎを彼女に依頼し、そして渡航資金を彼女に渡すこともできたはずです！　私には彼女に与えられるものは何もなかった。私たち夫婦は若く、二人の子供がおり、教師の給与でなんとか家計のやりくりをしていました。この当時、国際結婚については誰だってネガティブでした。

姉は（彼女自身が私に語ってくれた）、生まれてくる子供たち、そして芸術家の主人との休まることのないミディでの新しい生活と、自分の結婚生活に多忙を極めていました。そのうえ、私たちとは違う人生の考え方であるカトリックを基としていたので、大変「家庭的な」人生を送っていました。フランソワーズは、彼らに心の内はいっさい話しませんでした。それに、妹は私の伴侶とはまったくウマが合わなかった。鎖で繋がれた二人の亀裂は耐えられないものでした。

それでもご承知の通り、妹と私の性格はまったく妥協を知らず、潔癖なものでしたので、妹は私の結婚生活については決して話題にしなかった。私が話せばフランソワーズはすぐに理解し、そして彼女の心を悩ますことになったからです。我が家の教育は家族間の精神的ありようとして、人の対面を保ち、他者へ全幅の敬意を払うことが決まり事でした。もし私がポールの軽薄さや気まぐれについて疑ったなら、それは二人の関係を即座に断つよりももっと苦しかったことでしょう。二股かけるとか、遊び心で行動するとか、楽しみのためとか、愛情関係を軽く弄ぶことは、フランソワーズにとっては文字通り嫌悪すべきものでした。何度か私たちは「遊び好き、口達者、誘惑者」と言われる男たちに会いました。彼らを変人とか、軽蔑すべき人物とか、俗悪人として取り扱い、愛情の面からも、生理的にも、私たちの世界とは異にするものです。そしてまた、少しばかり先まわりして言うなら、彼女の親しい友人に対して、フランソワーズを守るためにも（だいぶ後になって知ったことですが）、遠藤に対して《usotsuki》とか《horafuki》という言葉を使ったことは、彼女にはとても信じられないことでした。もし、それらを信じていたなら（それらの言葉を使った友人は本当に誠実な人物で、事実そうでした）、彼女はいたたまれないほど心が動揺したでしょう。

三年ほど前に姉のモーリヤックの別荘の、戸棚の引き出しから見つかったポールの手紙を調べると、フランソワーズは一九五四年に二通、一九五五年に一通しか受け取っていません。ポールは手紙を、ベル・エール通り二十一番地、ヴィクトル・ユゴー通り十二番地、それからパユロン高等中学校とオルレアン高等中学校宛に送っています。彼女がすべての手紙を保管していたとは申せませんが、最大限保管していたはずです。これ以外の手紙をもらっていたことはあり得ないと思います。というのも、（便りがなくて）心配する彼女と私は、その心配を共有していたからです。冷静に考えてみても、几帳面な妹が郵便物を捨てるはずはありません。私は、開封状況から大変古いと思われる手紙の入った、いくつかの大きな包みの郵便袋を発見しました。

彼女はホルモンのトラブルが原因で見るからに痩せていきました。そして私に相談に来ました。私は妹を専門医に連れていきました。その治療は彼女が日本に発つまで続きました。二人の子供(長女が一九五二年生まれで、次女が一九五四年生まれ)を持つ若い母親としての経験が、私に自信を与えてくれたし、妹からの信頼となりました。彼女はホルモンの治療を続け、その後、私は妹のために定期的に薬とフランスの化粧品を日本に送りました。

というのも、妹は自分自身のエレガンスに、並々ならぬ気を配っていましたので。洗練されたエレガンス、大変ひかえ目で慎み深く、決して落ち度なく、過度にはならず、入念で繊細な配慮をほどこしていました。服地や色彩、そして仕立てやその他いろいろの選び方。妹は人のマネや流行を無視していました。それらの細やかな気配りと対照的に、彼女自身は比較的大胆な面がありました。日本で、ワンピースを作るために浴衣の生地を買ったところ、浴衣をそういうふうに使ってはいけないと店員に注意されたと、笑いながら話してくれました。彼女にとってはそんなことはどうでもよかったのです。事実、服については相当進んだ考えを持っていました。それは先駆的とも言えます。私は、ヴァージニア・ウルフの日記の中にほぼそれに似た、同じような発想を見つけました。ウルフが家具用の緑の布でワンピースを作らせたところ、それを見た異父兄にひどく馬鹿にされた。フランソワーズも、持っていた手提げバッグや服の趣味が悪いと判断すると、自分で作り直しました。それは少し大胆なことでした。生活環境の物質的な困窮と、服を着るために必要なシックさとは、対照をなしていました。彼女は、生地も、色彩の選択も、仕立ても、すべてに非の打ちどころがなかった。それはいつも、私たちの会話の重要な主題となりました。

また、二人でよく買い物をしにお店回りをしました。フランソワーズはいつも選ぶときは頑固で、売り子たちは言うべき言葉がありませんでした。

この重要な時期について話を戻しましょう。妹は卑怯なことや臆病を嫌い、顔と顔を合わせた人間関係を大切にしていました。それは遠藤の手紙の中にも「君はキルケゴールの良心だ」と書かれていることからもわかります。

これらの手紙は公開するに値するでしょう。姉と私はそう願っています。しかし知的所有者の権利は、（残念ながら）道徳的所有者と物理的所有者とを区分しています。そして、遠藤夫人とその息子へ、とても結果がどうなるのかわからない、誠にデリケートな大変な手続きを開始しなければなりません。「フランソワーズ」と命名された章『ルーアンの丘』の最終章」は、この重要な時期のフランソワーズを知る人々への何の警告にもならないし、この単純なファーストネームの後ろに隠されたものを推測させるには極めて曖昧な章となっています。遠藤の身近な人たちがみな、最初からまたはその後に状況をすべて知っていたことを、私は逸早く気づきました。事実を明らかにするにあたり、遠藤夫人がこのような不誠実な方法を選んだことは、私たちにとってとても耐えがたいことです。夫人は遠藤の日記で事実を知り、かつ多くを理解したはずなのに、私たちに了解を求めませんでした。唯一の事実は、出版するという悦びのために、まったく思いやりのない判断がなされたということです。文学に興味を持つ読者はフランソワーズの手紙に関心を持つはずです。それが、それらの手紙の出版を正当化するのかも知れません。最終的に遠藤によりフランソワーズの手紙は慎重に保管されていたはずですが、彼の死によってそれらの手紙は夫人の手に渡ったと思われます。人の手紙を出版することは止められませんが、大いに熟慮と配慮が必要です。いずれにせよ、この出版の可能性は、この作家の国際的名声に鑑み、文学専門家の判断に委ねられるべきものです。フランソワーズは、短時間で小規模の外科手術の前に、一九六六年だったと思いますが、次のような手紙をくれました。「不在中、私の保証人に指名し、すべてをお姉さんに委ねます」。唯一の妹に対し、私がどれほど深く責任を感じていたことか、それは今日現在も続いています。

さて、彼は一九五九年にフランスにやって来て妹と再会し、二人の関係を再開する可能性について彼女に話して聞かせました。このときまでポールが結婚したことを妹に黙っていた事実は、フランソワーズを誤解させるだけでした。もし彼に基本的な誠実さと勇気があったなら、彼女は諦めて、すべての状況を考え直し、自由に人生を再開することにしたでしょう。彼の責任は重大です。彼に対する私の怒りには当然理由があります。彼の何人かの友人たちもそれを認めています。しかし妹も私も、これで終わりとは言わなかった。

彼女は遠藤の友人や他の方法で、日本人の大学の評論家や学生たちと友人になりました。彼らは沈黙し、遠藤が結婚していることを彼女にあえて言わなかった。ところが、私の記憶が正確ならば、この過酷な沈黙を破ったのは舘氏でした。彼は遠藤の結婚を知り、卑劣にも騙された状況にあるフランソワーズに同情しました。舘氏はポールの性格は好きではないと言っていました。というのも、ポールは女性に対し多くの才能を持っていたからです。舘氏によりフランソワーズは騙されていたことを知り、地上に叩きつけられてしまった。それは文字通り彼女を病気へと追いやりました。

このとき、フランソワーズは幸いにも独りではなかった。なぜなら、彼女の周りには、彼女に魅せられた有能な友人たち（森有正とか、加藤周一とか、その他の私が名前も知らない人々）や、当時通っていた日本語コースの関係者たちがいました。そしてみんなから彼女は賞賛されていました（『ルーアンの丘』の中の遠藤による色褪せたイメージとは対照的です）。彼女は一九五九年まで、ソルボンヌ大学の文学部と人文科学部に籍を置き、専攻する哲学の「中等教育教員適性証」（CAPES）取得の準備をしていました（ソルボンヌの記録では一九五九年十一月二十九日の日付がありますが、実際はもっと前からかも知れません）。

舘氏は、日本人の友人の中では、私が最も頻繁に会った人物であり、フランソワーズの支援者であり、この忌まわしい体験の友であり、模範的な友情を示してくれました。彼は遠藤の沈黙と欺瞞に憤慨していました。もう一人、私にはフランスに住む日本人の友人がいますが、彼もまた、この卑劣さと約束を反故にしたことに怒っていました。そして彼は、いかなる曖昧さもなく、遠藤がはっきりとフランソワーズと結婚を約束していたのなら、「武士に二言はない」という諺があるように、日本人として誠に恥ずかしい、怒り心頭に発することであると明言しました。

舘氏はすばらしい能力に恵まれていて、栄誉ではなく作品の完璧さを求めていました。彼は幻影を追ってパリ（モンパルナス）にやって来た。しかしすでに彼の求めるものの時代は過ぎ去り、単なる残影しか見つけることができなかった。でも、彼はジャコメッティと知り合った。パリで途方に暮れた彼は、ブルジョワの目からするとたぶんに異様な状況の中でフランソワーズと互いに助け合ったようです。それは数年だったのか、おそらく十年近く、多様な人間関係の中で強い絆と陽極で結ばれていました。私たちは義理の兄や従兄のポール・ヴィグルーと家族たちとで、美について大いに議論を重ねていました。そして一九五五年の終わりに私がパリに帰ってきたとき、（健康の問題があるのに）フランソワーズは知性にあふれ、すばらしく成熟していたのに驚きました。それは芸術的な面においても同様でした。これは彼女が哲学を学ぶなかで、その厳格さと抽象性とが均衡を取り戻した証でしょう。

舘氏とフランソワーズの生活ぶりを見ていると、物質的なものはほとんど兄妹ではないかというくらいに似ていました。フランソワーズは、ヴィクトル・ユゴー通りの部屋で、家具としては、ソファーと小さなテーブル、二つの椅子、ほんの少しの食器、本棚、唯一の暖房の電気ヒーター、廊下の真ん中にある共同トイレと水道（彼女は旅行のお金を貯めるために最大限の節約をしていた）、こういった環境で生活をしていました。かたや舘氏は、リアンクール街のアトリエで、いつも汚れた食器で溢れた小さな流し、あちこちに鉛筆が転がり、それに中二階の下の壁に掛けられた枠のないキャンバス、物にはまったく興味がなくて、そしてお金に対しても同様でした（彼の奥さんと二人の息子は日本に残したままで、お金はなかったようです）。明らかに絶対性への要求が二人を近づけたのです。知的で、道徳的で、美的な絶対性。首尾一貫した要求が。

この当時、彼女の周りにいた人々は、二つの異なる社会にいました。一つは、彼女を支えてくれた、事情を知っている大学関係や文学関係の人々。もう一つは、フランス人の友だちで、フランソワーズは特に何も言わなかったけれど、彼らは私が思っていた通りポールのことは知らなかったし、私の話を聞いて驚き、そのとき多くのことを理解してくれました。フランソワーズが日本に行く手続きに入ったときには、日本人の友人たちにとても助けられたようです。フランソワーズへの友情と尊敬と賞賛の多くの手紙が残されています。

一九五六年に、彼女は哲学の教員免許課程を修了し、一九五七年に民俗学の資格証を得ました（当時、アグレガシオンの準備のためには必要不可欠でした）。

しかし彼女は「ラング・ゾー［東洋語学校］」のコースにすでに進んでおり、そして日本語の最初の試験に失敗しました。その後、遠藤からの手紙では、がっかりしながら彼女をからかっていました。「その試験はそんなに難しいの？」。日本語は学ぶのに困難な言葉だとは聞いていますが、彼女は教師をやりながら勉強を続け、道徳的、物理的に限られた条件のもとで試験に臨んだのです。確かに日本語は難しい。しかし、試験に合格しないと、日本で然るべきポストを得ることができない。何年か後に、やっと合格すると、今度はある問題が日本から突きつけられました。しかし、彼女の日本人の友人がその困難を取り除き、彼らの努力により、ある大学が彼女のポストを用意してくれたのです。

この一九五七年から六一年にかけては、私にとっては暗い時代でした。なぜなら、いよいよ離婚の手続きに入ったからです。この暗い時期、フランソワーズは私を大変支えてくれましたが、無意識に私は彼女と遠藤との問題に、自分の問題を付け加えていました。父は私の離婚には断固反対でした。そのため決定的なドラマを生みました。家族の大部分が反対したのに、フランソワーズはただ一人味方になってくれたのです。私が家族のしがらみから離れ自由になったとき、フランソワーズは心から喜んでくれました。

一九五九年の暮れ、まったく予期しないことが起きました。ポールが夫人とともにフランスにやって来て、フランソワーズと会ったのです。このとき二人の関係に新展開がありました。なぜなら、彼は再び彼女に希望を与えてしまったのです。詳細は聞いていませんが、彼女はその要点を話してくれました。私は疑念を抱きましたが、残念ながらそれは正しかった。というのは、彼は彼女へのお土産として本当に小さなトランジスタラジオを持参したのです。このポールの態度はひどく愚かでした。男性の二面性と、女性に対する下品さが表われ、心の内で軽蔑しました。二人の出会いのときと比べ、なんという軽い扱いでしょう！　ルーヴェンに住んでいた日本人の友人［大出晃］は、遠藤の行動に用心すべきだと妹に手紙［「第一部　投函されなかった手紙」に全文収録］を寄越しました。そして、遠藤は日本のキリスト教の作家であることを鼻にかけている。彼はフランソワーズに対しては公的な自分との矛盾を演じている。遠藤のこの性格には何も期待できない。つまり彼は、フランソワーズの理不尽な状況を見て、それに憤慨したのです。彼から見れば、遠藤は彼女に相応しくない。遠藤が設定した厄介な袋小路に追い込まれている現実に、冷静に目を向けるよう妹に望んでいました。

約束、または希望について、どんな言葉が取り交わされたのでしょうか。フランソワーズはその場所（日本）にさえおれば、それを変えることが可能だと考えていたのでしょうか？　それは立ち入ることのできない心の秘密なのです。もし、私の記憶と印象が正しければ、おそらく彼女は遠藤の真の考えを確認したかったのでしょう（つまり日本に行って）。「あなたの行きたいところに行きなさい」という私の言葉に対し、彼女は間接的にそのように答えたのでした。

しばらくすると、彼女はとても活動的になりました。バカンスには地中海沿岸を何度も旅行していました。ギリシャや、一九六二年にはスペインへ。コスタ・ブラバからは両親に絵葉書を書いています。「水平線の美しい山並み、他では見ることができない海、これらの風景は私に幸福を取り戻してくれます。それはなんとも説明しがたいものです」。海は彼女に生気を取り戻しましたが、愛情の問題は何も変わらず、そして彼女の病は引き続き悪化していました。

転機は一九六四年にやって来ました。ラング・ゾーの生徒たちと日本へ旅行することになったのです。彼女はそこでたちまち彼女の世界を発見しました。（注）そして変わりました。（彼女はどこで「能」と出会ったのか知りません。私には何も言う資格はありません）。彼女は成熟し、私とは少し距離を置いていました。それは姉妹の愛情や思考とは関係なく、昔のままのものです。しかし、彼女は強烈な経験をして、要するに彼女は大人になったのです。自分の人生を歩んで、経験を重ね、新たな世界を発見した。そこはフランスよりも遥かに暮らしやすい所でした。日本の美は一つの啓示でした。しかし、彼女はフランス語がとても好きだったため、美しい母国語と離れることに悩んでいました。一九六八年に書かれた手紙には何度もそのことを書いています。それでも、彼女の好奇心は飽くことを知りませんでした。

（注）フランソワーズの最初の日本訪問による衝撃的な感動をジュンヌヴィエーヴは「三田文学」特別寄稿に次のように書いている。

「フランソワーズは京都を訪れて魅了され、夢中になって日本旅行から帰ってきた。それは発見というより、衝撃であり、啓示だった。この文明、この日本という文化は、それじたいによって妹を全面的に誘惑してしまった。」

ミヨーの家族に、日本文化について、驚嘆しながら熱狂的に詳細な話をしています。彼女の態度は明確でした。でも、一九六四年の彼女のポートレートは、重い不安により苦しめられていることが如実にわかるものでした。それは、父がドイツで捕虜となったときの姿に似ていました。父は捕虜の最後のころには二十キロも体重が減り、まるで老人のようでした（フランスに帰国したときはまだ五十五歳だったのに）。

フランソワーズは勤務先のエドワール・パユロン高等中学校で素晴らしい友人に恵まれます（彼女は当時その高校の先生をしており、今では私の最も親しい友人です）。その友人は、フランソワーズのことを、非常に理知的で、生き生きとして機転の利く、魅力いっぱいの、少しばかり道徳的に厳しい若い女性であった、と思い出話をしてくれました。でも、フランソワーズは彼女に決してポールのことは話しませんでした。もう一人のフランス人の友人も、日本でよくフランソワーズと会っていた人なのですが、私から遠藤との話を聞いて、遠藤の本を読み、改めて私に確認を取り、大きな驚きとショックを受けていました。彼女は私の目の前で、しばし黙考した後、こう呟きました。「そういえば、私もフランソワーズに自分の私的なことを話していなかった！」。このように人の心は複雑で、心の奥深くデリケートなことは秘密にせざるをえず、その結論は定められていないし、そして規範とすべきところへ立ち返ることもできないのです。

フランソワーズは、考え方に違いはあったものの、両親を深く愛し尊敬していました。彼女は母に読書を勧めました（主に古典を、とりわけドストエフスキーを）。そしてある日、彼女はついに、母親が自分の一番の親友だと宣言しました。ピアノのプロフェッサーである義理の兄は、フランソワーズにピアノのレッスンをしてくれました。何年かの間、彼女は幸せな日々を送りました。でも、父は決して彼女の感情を理解することはなかった。しかし母は、私にはわからないけれど、フランソワーズから知らされていたのではなかったのか。ある日母は、私が彼女にある秘密を打ち明けたとき、次のように言いました。「今まで私に何も話さなかったのはよいことでした。秘密は守られるべきでしたから」。母のこういう考え方には高潔さがないわけではありません。私たちは母親が一九六五年十一月に、父親が一九六七年に亡くなったとき、同じ悲しみを共有しました。

フランソワーズはフランスですべての人に愛されていました。そしてそれは、日本でも同じだったと思います。彼女は社交のような世界は好きではなかった。大学の先生という地位での必要性はあったとしても、そういった軽々しい悦びを拒否し、付き合っていたのは友人の輪に限られていたことでしょう。それは森有正や市原豊太先生が彼女のことを「ジャンセニスト」と呼んでいたことからもわかります。彼女は東京での最後の日記に、パスカルの表現によれば「苦悩の日々」に、そのジャンセニスムが孤独と苦しみを強くしたと、残念がる調子で書き記しています。かくも困難な時期に彼女に優しい言葉を投げかけ励ましてくれた（大半の名前を私は知らない）何人もの友人たち。親友の一人である小椋順子さんは、今では私の親しい友となりました。もう一人の友人の女性の名前は記さないでおきます。しかし、私は彼ら彼女らに出会ったことに期待をもっています。そして、フランソワーズの忠実な教え子であり友である、この不完全な手記を彼のために書いています。Shozo Nakanishi を知ったことは、私の心の安らぎであり幸せです。もし優しい神がいて、我々二つの文化に恵み深くあることができるのなら、そして思い上がった西洋の一神教の苦々しい神でないならば、私はこの詩人［筆者］の運命をそれらの神に委ねたいと思う。フランソワーズをフランスに連れ帰るために訪れた短い日本の滞在で、唯一訪れた寺院である浅草の観音様は、彼女の意に反して煤けていましたが、慎み深く、しかし熱烈な私の願いを聞いてくださるでしょう。

私は、フランソワーズが最後の数か月を過ごした、ヴィルヌーヴ＝レザヴィニョンの長姉宅の小さな部屋にあった電気スタンドを今も使っています。それはいつも私が仕事をするときの光となってくれています。と同時に、劇場で使う扇のように、私の心の内を包み込む傘となっています。

（［　］は筆者が付記）

ジュンヌヴィエーヴ・パストル

※本手記は、ジュンヌヴィエーヴから筆者に託されたものである。上巻「フランソワーズの幼年期」と下巻「一九五四〜一九六七年」に分かれているが、上巻については「第二部　フ

ランソワーズ・パストルその生涯」にその内容の大半を収録したので、ここでは下巻のみを収載した。

遠藤周作からフランソワーズへの手紙

※すべてフランス語で書かれ、翻訳は筆者が行なった。
※傍線、取り消し線は遠藤自身が引いたもの。
※遠藤は手紙に日付を記入していないので、日付は消印または手紙の内容から筆者が推察した。
※★印ははがき。

1　一九五二年十二月上旬　パリ大学都市のジュルダン病院にて

愛するフランソワーズへ

この手紙を書くことをお許しください。なぜなら私は病気なのです。私は少しばかり元気をなくしています。三日前に病院に入院しました。この聖なるバラック（大学都市の病院）からいつ解放されるのかわかりません。

一つあなたにお願いしてよろしいでしょうか？　もしあなたがジャン・ルイと会うことがあれば、彼に『第二の性』をできるだけ早く私に返すよう伝えて欲しいのです。なぜなら、最悪の場合、私は一月には日本に発たねばならないからです。（私はジャン・ルイの住所を持ってくるのを忘れてしまった）。あなたともう一度会いたい、なのに……。

いつも愛しいあなたへ。

ポール・遠藤より

2　一九五二年十二月上旬　パリ大学都市のジュルダン病院にて

愛するフランソワーズへ

（今日からあなたをチュトワイエで呼ぶことをお許しください。なぜなら、私はそう願っているのですが、我々はすでに素晴らしい友人同士なのだから）。昨夜のあなたへのご無礼を、どうかお許しください。しかし、クロード・サルロンがいなかったのに、あなたのお陰で、私たちは甘美な一夕を過ごすことができました。本当にありがとう！

昨夜ご連絡しましたように、十二月八日の月曜日に、「シャンゼリゼ劇場」で日本の踊りの催しがあります。もし、ご興味があるようなら、ご一緒できますことを無上の幸せに思います。行くことをお決めになられたら、午後八時ごろリュクサンブールのキャフェ「デュポン」であなたをお待ちしております。もし、違う場所、違う時間をお望みであれば、どうかご連絡ください。あなたのお望みに従います。（おそらく、我々の友人であるアレクサンドルもこの踊りを見に来るでしょう）。

もし、あなたがオーケーであれば、私に連絡をくださる必要はありません。
愛しいあなたへ。

ポール・遠藤

3　一九五三年一月四日　パリ大学都市のジュルダン病院にて（封筒なし）

私の愛しいフランソワーズへ

あなたは来た。一昨日以来、理由はわからないが、あなたが私に会いに来るだろうという予感があった。そしてあなたは本当に来た。今、私はすべてを愛したフランスを去ることにもはや後悔はない。なぜなら、あなたを発見したからだ。私は長いあいだあなたを捜していたのだ。わかるだろうか？　どれだけ長いあいだあなたという人間を捜していたかということを。作家になると決めて以来、手探りで人生の意味を知ろうと決めて以来、ついに私はあなたを発見した。それこそが私が日本を発ってフランスに来た目的だった。日本からの船旅で未知の港をいくつも訪れたが、どこにもあなたを発見できなかった。~~（人間の悲しみと悲惨さしか発見できなかった）~~。

二年間のフランス滞在でついに私はあなたを見つけた。わかるだろうか？　なぜなら、あなたは単にフランス人の友人というだけでなく、私のもう一つの分身として、一生私の中でともに歩む存在なのだ。もし、私の中に東洋と西洋という二つの概念（死における、生における……）が調和することが可能ならば、あなたこそ西洋人として、かくも夢見てきたこの世界に私を導いてくれる人物なのだ。この世界とは、（サルトル的な意味での状況の）存在の条件から全面的に解放されていないために、私がひとりでは到達することのできなかった世界のこと。例えば、病院に入っている間、私はある小品の物語を夢で見たのだが、これを小説にしたいと考えている。

所謂、時の外で（汎神論により東洋では時の概念がないこと）生きてきた一人の東洋人が、西洋の精神の中に合意を求めてヨーロッパにやって来た。しかし彼はこの二つの世界のあいだの隔たりをそこかしこに見つけることになる。なぜなら、（時の概念を持たない東洋人の）彼にとって、（西洋人の）時の継続性の中で生きることは大変困難なことであった（西洋人は時の中でしか生きない、進歩や歴史や……）。結局、彼はこのジレンマを超越することができない。そしてこの反意性に対し、彼はその反動から結核患者となった。なぜならこの病気は、我々に時の概念を忘れさせてくれるからである。（結核患者は、あなたもご存じの通り、少なくとも一年間は休養しなければならない。場合によると五〜六年間、世俗の生活から離れ、死と常に向き合いながら、そして健康が快復するためには、まず最初に彼が生きてきたときの概念を忘れることである。そして一日一日、快復するまで生活のリズムを毎日変えないことである）。

ところで私という作中人物は、この（時間の概念を持たない）非時間的な人生に耐えることができない。彼はすでに時間の中にある西洋の生活を経験してしまったからだ。ましてや彼は、時間性（政治社会問題など……）で脅かされた一九五〇年代の世代である。ヨーロッパの精神を再発見するため、彼は医者の助言に逆らってサナトリウムから出てしまった。そして彼はついに死んでしまったのだ。（あなたは理解してくれるでしょう、私が懸命に日本に帰国しようとしていることを。あなたの国のサナトリウムが素晴らしいものであるとしても、私がヨーロッパに残ると、完全には病気が治らないと思うのです）。もちろん、私はこのような軟弱な人物ではない。私は私の仕事を終える前に死ねない。しかし、愛しい作中人物を脅かすこの問題は、私を捉えて離さない。非時間制と時間制との選択というジレンマは、実際、常に同じ問題なのだ。この点についてあなたの考えを教えて欲しい。うるわしい私のフランソワーズ、もし私を助けてくださり、かつ私があなたにとって有益であるならば、二人の未来はなんとバラ色であることか。知的な計画のみならず、他の分野においても、我々はお互いを助け合ってゆける。

あなたが生活に疲れたとき、私はあなたの代わりにあなたの重い荷物を背負いましょう。

あなたの日本人の友人　ポール

P.S. あなたと夕食を一緒にとるために、一月七日の午後六時に病院に来ていただくようお願いしました。しかし、もしご迷惑でなければ、あなたとの昼食のために八日の午前中に私があなたの所に伺うことも可能です。しかし、もしあなたが七日の夕刻に特別なことがなければ、私に会いに病院に来ていただけますか？

4　一九五三年一月六日　パリ大学都市のジュルダン病院にて

愛しいフランソワーズへ

あなたの二回目の訪問を受けたことの幸せをどのような言葉で表現すればよいのかわかりません。あなたが部屋に入ってきた後、私は私たちの友情について長いあいだ考えていました。あなたは私に、私たちはやっと友人になれましたねと言った。しかし、あなたもよくご存じの通り、知り合うということは時間によるものではない。これまでの何年間か、多くの知人がいました、会い、話し、聞き……、しかしどの人にも友愛を持ったことはありません（多くの場合、人生の根本的な憐れみの問題でした）。しかし、他方では、ほんの少しですが私の心を揺さぶる人もわずかにいました。それは私の人生において忘れられない人たちです。なぜなら、その人たちは私を心から感動させる何かを彼らの内に持っていたからです。あなたもまた、私にとってその一人なのです。それはすなわち、私があなたに友愛を求める、エゴイストな人間だからです。生涯、あなたと話していたい。あなたには、私を純化する何かがある。あの日本の踊りの後、最終の地下鉄の中で、あなたと話したとき、私はそれを見つけました。

そのとき、私はどれほどあなたとともに働く夢を見たことでしょう。どれほどあなたのために私が有益であることを夢見たことでしょう。けれども、私は不幸にも病気になってしまいました。

私はあなたとお別れしなければなりません。それはなんと悲しいことでしょうか。私の左肺の小さな染みが、まだ行ったことのないもう一つの世界に私を連れていきました。このことについては、すでにあなたにお話ししましたね。私はギネ美術館に行きました。そこで、我々の死の向こうに存在するある対象を発見しました。その日以来、それらの対象は私に親しく話しかけてくるようになったのです。病院の窓の向こうに飛ぶ鳥たちも、小さな木々も、小石たちも……彼らは彼らの存在を私に表明するのです。微熱とともに、そして私に死を意味する肺の中の小さな湿った汚れとともに、私はそれらを見ています。わからないままに、このとき、新しい仲間として私がなぜあなたを選んだのか。しかし、この偶然は私を大いに夢中にさせてくれる。私は東洋人で、あなたは西洋人なのだ。人生の、そして死の概念……、それは我々の中でまったく別物だ。しかし、その二つが調和することは可能だろうか？　私が長いあいだ追い求めてきたこの問題は、もう一度私の目の前に置かれました。それ故に、私はあなたを開発することを切望します。（この傲慢な表現をお許しください。私の下手なフランス語ではこのような表現しかできません）。

　したがって、いつか私が健康になって、あなたがこれまで見たこともない、想像したこともない、横切ったこともない東洋の国で、私はあなたを愛したい。西洋の若い娘であるあなたが、死や生に関する東洋の考えに触れることのできるそのときを、私は情熱的に待っています。

　私が病院を退院するとき、あなたは私にきっとこのように言うでしょう。「二年で、私たちはやっと知り合いになれた」と。いいえ、フランソワーズ、私たちの友愛は一時的なものと考えてはならない……わかるだろう……。私はあなたを、少なくとも、あなたが一度も見たことのない国へ連れていく。そして、あなたへのこの約束を残して、私は一月八日に出発する。さようなら、私の愛しいフランソワーズ。私は寄港する港ごとに、あなたに手紙を書きます。アフリカから、インドから、中国から。

もう一度、私の日本の住所です。（後略）

あなたの日本人の友、ポール・遠藤

5　一九五三年一月十七日　エジプトのポートサイドにて投函

（一月十二日〜十五日　地中海）

私の愛しいひとへ

一月十二日夜

あなたは去った。あなたの乗った車が見えなくなった後も、私はずっと埠頭に立ちつくしていた。私は、私たちが別れたばかりの場所を去ることができなかった。私は、「あなたは去った」と自分に言いきかせた、まるでそれが信じられないかのように。壁に寄りかかり、港の煌めく灯りを眺めながら、あなたの面影を空しく探し求めていた。マルセイユに向けて私と一緒に出発したあなた。雨の降る中を、雪の中を、リヨンの夜の通りで、あの都市の郊外のキャフェで、私を待っていたあなた。私の肩の上で泣いていたあなた。マルセイユのホテルで、私の傍らで眠っていたあなた、そして私は白く悲しい朝ぼらけを眺めていた。地中海の島に行くために小さな船に私と一緒に乗ったあなた。あなたとの旅行のあいだ、私はまるで少女のようなあなたの純粋さにいたく感動した。あなたの私への信頼を忘れることはできない。しかし、すべてが消え去ってしまった。半時間のあいだ、私は暗闇の中をあなたを探し続けた。なぜなら、この現実を把握できなかったからだ。ようやく、私は惨めな思いで船に戻った……。

一月十二日夜

真夜中過ぎの一時ころ、船は岸壁を離れた。エンジンの音が眠りを妨げた。私は青いパジャマをわざわざ着た。なぜならそれは、私たちの新婚旅行のあいだ、あなたが身に着けていたものだから。私が眠り始めたころに、船は出航した。

一月十三日朝

朝早く目が覚めた。船はすでに海の中にいた。(私の悲しみを無視する船出はなんと過酷なものか!)。フランスはすでに遠い。私がかくも愛したあなたの国。私に「あなた」を与えてくれたあなたの国。否！　否！　そうではない。私は決してあなたを離さない。フランスとフランソワーズを。小さなキャビンで横になりながら、涙がとめどなく流れてきた……。ギャルソンが朝食を知らせに来た。食堂では、向かいの席の、あなたも覚えているでしょう、あのドイツ人の婦人が話しかけてきました。礼儀上、少しだけ返事をしました。しかし、彼女の言葉はまったく聞いていません。聞く気もありませんでした。この船の中でまったく独りにしてくれることを望んでいました。なぜなら私はあなたのことを、そして私たちの将来のことを、それだけを考えたいと切望していたからです。私にはあなた以外は何も存在していないのです。

一月十三日正面にコルシカ島

海は大変荒れている。私はあなたがマルセイユで買ってくれた錠剤を一つ飲んだ。それはあの悲しい夜を思い出させた。あなたは少しばかり体調が悪かった……。あなたはひと塊の砂糖を食べた。頭が痛くなった、熱が三十八度ある……。

時間が経過するにつれ、船は私をあなたから離していく。しかし、この別離を越えて、私はなぜか、一つの確信がある。私は昔から、そして長いあいだ、愛で結ばれるということを信じていなかった。私にとって愛は、二つの性の葛藤だと考えていた。なぜなら、それぞれは他者の孤独を決して理解できないから。二つの性のあいだには、越えることのできない深淵がある。あなたでさえ、私の悲しみを担うことはできない。旅行のあいだ、あなたを抱きながら、私は熱にうなされ、死を思い苦しんだ。しかし、それはあなたの愛を越えるものだった。あなたが私を愛していることはよくわかっていた。しかし、あなたは私の心の奥底に触れることはできなかった。列車の中やホテルで、突然あなたに「フランソワーズ、私を捨てないでおくれ」と繰り返したのをあなたは覚えているだろう。このとき私は、病気のことや熱のこと、これらの死の兆候に対してひどく不安だったのだ。しかしあなたは、「心配しないで、馬鹿な質問はやめて」と言った。でも、あなたはわかっていなかった。そして私もまた、あなたの心の奥底まで降りてゆくことができなかった。マルセイユの夜……あなたは覚えているだろう、レストランの中で私がまさに泣き出そうとしていたことを。私を涙させたものは、それはあなたではなかった。それはこうした愛の条件だった。我々は愛し合っている。しかし、お互いに触れることができない。その場合、なぜ私はあなたを愛しているのか？　私にとって、然るべき経験を生きてきた今、愛は他者（あなた）のあるがままの人生を受け入れることなのだ。私の中であなたは、私によって養分を吸収して成長してゆくのだ。あなたは西洋に属し、私は東洋に属していることを、私はあなたにしばしば説明したのはそのためなのだ。ここで私は、あなたと私のあいだの会話の意味を捜している。しかし今日、これ以上書くには少しばかり疲れてしまった。

一月十四日朝

船は今、目の前に南イタリアを見ながら通過しようとしている。海はあくまでも青い。島はどこまでも黄色い。そして赤と白のイタリアの小さな村の後ろに、雪で覆われた山々。たびたび私たちの船は小さな船を操る漁師たちと出会った。彼らは知らない言葉で礼儀正しく挨拶をしてくれた。しかし、金色の風が瞬く間に彼らを我々の遥か後方に運んでいってしまった。あなたの夢を見た。私はあなたと一緒に同じ船に乗っていて、未知なる国へと向かっている。あなたもまた歌うような優しい言葉を聞いている。あなたは果てしない海の、金色の風を感じることができるだろう。なぜなら、あなたは私の妻となり、私の「人生の伴侶」になるのだから。

一月十四日午後

この朝以来、私たちの船は何にも出会わなかった。海は永遠の海であり、青く、太陽が輝き……吹く風は退き、叫び、しばしば陽気に、時には孤独に。私はエマニュエル・ロブレスの『モンセラ』を読んだ。そして、西洋と東洋の愛の違いについて繰り返し考えた。

――――――――――

フランソワーズ、一つ大きな仕事をお願いできますか？　今日から日記を書いてもらえないでしょうか？　そして、ノートが終わり次第、それを送って欲しいのです。あなたは思い通りに書けばよいのです。あなたの日常の考えを、その日の仕事のことを、友人のアレクサンドルやマリー・ルイーズたちと会ったことを。私もフランス語で日記を書いて送ります。しかし、このことはあなたのお考え次第です。返事を待っています……。

一月十四日夜

船の生活は私を微笑ませます。同じリズム、同じ海、同じ食事……。東洋の生活のように単調なのです、フランソワーズ。私はこう考えます、愛は炎ではないのだが、それは一生、内に秘めておくべき火なのだと思います。我々はこの愛を育んでゆかねばなりません。そのために我々には試練が必要です。別離もまた、愛のためには時々必要なもの（注1）です。我々は運命を超えることはできません。今は、我々が再会するために、十月か十一月まで待たねばなりません。しかし、新たに結ばれる準備のため、この別離を有益なものにしましょう。別離は我々の愛を純化するための一種の試練です。再会できるまでの一年、私たちの愛を純化しましょう。我々は運命に従うことで、それを乗り越えたギリシャの英雄たちのようにならねばならない。なぜなら、人生はいつも運命よりも高い所にある。この何か月の間、我々は我々の孤独を深めようとした。我々は、（形而上学的にも）愛のために必要な別離に耐えなければならない。我々がこの試練を越えることができたなら、二人の夫婦生活に、より大きな希望が持てます。

一月十五日午後、クレタ島を前に

少々書くことを放棄していました。今、マリー・ルイーズとアレクサンドルに手紙を書きました。船は「クレタ」島の真ん前を通り過ぎようとしています。夕暮れの雲はバラのようで（注2）、沈む太陽は海の上に金髪のような光を投げかけています。海は静かで、ヨーロッパともオサラバです。なぜなら、明日にはスエズ運河を通過します。東洋の世界に入るのです。こんなにも美しく、そしてかくも悲しい夕暮れ時に、私は、まさに正確に、二つの世界の真ん中にいるのです。私はどうしてなのか日本に帰ることを望んでいません。以前、日本に帰り、そこに根を下ろす夢をたびたび見ました。しかし今、私の故国は逆に、無理に行かされた外国のようです。私はフランスに行く必要があったのだろうか？　フランスへの旅行は、私から祖国を奪い、根無し草にしてしまった。フランスでの滞在は、私を半分ヨーロッパ人にしてしまった。一旦あなたの世界を知ってしまって、どうやって私はかつての本当の東洋人になることができるのか？　汎神論とキリスト教のあいだで、時間と非時間とのあいだで、西洋と東洋のあいだで、私は引き裂かれてしまった。今、クレタ島の近くの、かくも悲しみと美しさでいっぱいのバラ色の夕暮れ時に、二つの世界の中間にいる。あなたこそが、私のフランスへの旅の一つの結論であると、今、私は十分に理解しました。あなたを愛しているからこそ、今日からあなたの世界とあなたの考えを私は見捨てることはできません。その意味では、あなたはキルケゴール的な意味で、いつも私の「良心」です。一日が終わろうとしています。夕食を知らせるベルの音が聞こえます。船が揺れ始めました。この最後の文章を締め括るにあたり、私は夕闇の最後の光を捜しています……。

あなたのポールより

（注1）下線は「時々」の中間より引かれているため、原文通り「時々」とした。
（注2）原文の rosaire は、筆者のクレタ島のバラのような夕景の体験から、rose の形容詞と間違って使用したものと推察される。

6　一九五三年一月十七日　エジプトにて★

私の愛しいひとへ

エジプトの夜。私はこのミステリアスな都市をたった一人で散策しました。いつか、あなたも私と一緒にここに来ることができるでしょう。

あなたのポールより

7　一九五三年一月二十一日　イエメンのアデンにて投函

（一月十八日　紅海）

私の愛しいひとへ

一昨日、我々の船はポートサイドに着きました。私は興奮状態であなたの手紙を待っていました。しかし、手紙はありませんでした。夕食後、船を降り、外国人には少し危険でかつ大変神秘的な、エジプトの町をたった一人で散歩しました。それは、私にとって魅力的なものでした。夜の帳《とばり》が下りるや否や（私はこれまで、このように素晴らしく赤く、大きく、そしてメランコリーな沈む夕陽を見たことがありません）、町には誰もいなくなりました。ある通りから、一匹の雌猫だけがさまよっている大変汚い通りへと渡り歩いてゆきました。私は、ひとつひとつのビストロから悲しいこの土地の音楽が聞こえてくる、エジプト的な界隈をわざわざ選んで散歩しました。あるビストロでは、三～四人のエジプト人が会話もなく、メランコリックに夜が更けてゆくのを見つめていました。私もまた、一杯のアルコールを飲みながら腰かけていました。そして、だんだん私は、まるでここにもう長いあいだ住んでいたような気持ちになりました……。

－－－－－－－－－－－－－－－－

ほとんど一日中、私はあなたのことを考えています。スエズとアデンのあいだの海は、紅海と呼ばれている。長いあいだ、どうしてなのか、この海を渡ってみたいと願っていました。あなたもよくご存じの通り、ヨーロッパの地中海はこの場所で終わります。西洋の世界は、アフリカとアラブとのあいだのここで終わり、東洋の世界が始まります。

我々がこの海に差しかかったとき、正午になっていました。正午を分割するのは、二つの世界の中間の場所です。我々の「紅海」は、アフリカとアラブの二つの砂漠に囲まれ、熱気はますます凄まじい。波はなく、風もない。海は恐ろしく青黒い。波のない海を想像して欲しい。二つの黄色い砂漠以外何も見えない。鳥も、船も。何も息をしていない。二日間、船はこの死んだ海を静かに航行しました。しかし、何も変わらなかった。永遠に、海は波一つなく、風一つなかった。人や生き物のいない砂漠。私があなた方の「地中海」を通ったとき、波は島のほうに向かって流れていた。それは見えなくとも想像することができる。鳥たちさえも、私たちに陸地の影を告げていた。波が、風が、鳥たちが、「目的」「方向」、そして「動き」の象徴なのだ。ここではまったく波がなく、少しの風もない。したがって、空間も時間も存在しない。すべてが悪魔のように死んでいる。黒い虚無である暑さだけが息苦しい。

二日間この海を眺めながら、私はしばしばおのれの死について考えました。キリスト教が初めて私に死の恐怖を教えてくれました。死の後でさえ、あなた方のキリスト教によれば、我々は永遠の次元で活動し続けることを義務付けられている。しかし、ここ異教徒の海では、永遠の休息しかない。波もない、風もない、すべてが眠っている。あなたは私が疲れ無気力になっていると言うでしょうか。おそらくその通り……。しかし、この紅海に、この死んだ海に、そしてこの悪魔のような海に、なぜ私は郷愁を抱くのでしょうか。二週間後に、もし下船できれば、インドの芸術がその秘密を打ち明けてくれることを期待しています。

心より　あなたのポール・遠藤

8　一九五三年二月六日　シンガポールにて投函

（二月四日　ポート・スウェッテナム）

私の婚約者へ

ペナンで私はついにあなたからの三通の手紙を受け取りました。愛しい人よ、私はそれらを何度も何度も読み返しました。そして、その内容を完全に記憶してしまいました。あなたはすでにアデンからの私の二通目の手紙を受け取ったものと思います。アデンでは、広大な砂漠を見に行きました。暑さは凄まじいものでした。しかし、私はアフリカ人の運転手を雇い、車で出発しました。二時間ほど走ってやっとラクダやラクダ引きたちと出会いました。砂漠はあまりにも暑く、黄色でした。喉が渇きましたが、水がありません。とうとう私は熱を出してしまいました。午後六時ころ、太陽が完全に真っ赤になったとき、目的地であるその土地の小さな寺院に到着しました。私と運転手以外は誰もいません。黄色い風がこの小さな寺院の周りを渦巻くばかりです。この寺院の中に一体の彫像を見つけたとき、私は思わず涙が出そうになりました……。

愛しいひとよ、それは私にギメ美術館の像を思い出させたからです。本当に、こんな黄色い砂漠の中にも人の生活があり、しかもその砂漠の中に彫像があるとは、人間のなせる業です。この事実が私を泣かせるのです……。
十日間、私の貨物船はインド洋を横切りました。この間あなたからの手紙が受け取れず、船旅は惨めなものでした。そして砂漠への旅が原因で疲れてしまいました。インド洋の水は熱く、かつ荒波でした。それでも私たちはペナンに到着しました。そしてあなたからの三通の手紙を受け取り、欣喜雀躍したのでした！
このペナンでは私は自然よりも人間を観察するようにしました。依然、暑さは強烈です。今現在でもこの町はパリの夏とは比較にならないほど酷暑です。私は短パン姿でビールを飲みながらこの手紙を書いています。昨日からこの町をよく見て歩いています。あらゆる所にバナナの木が茂り、子供たちが知らない果物を売りつけに来ました。そして蚊の襲来と蛇のわるさ（それから、あなたのことを考えながら、私は笑いました。なぜなら、あなたをここに連れてきたなら、あなたはきっと泣いてしまうでしょう。そしてあなたが蛇を恐がっているうちに、あなたに悪戯をしてキスしたりできるから）。（注：蛇に驚いて泣くフランソワーズのイラストが描かれている）
しかし原住民の人たちの生活はあまりに惨めです。彼らには表情がありません。なぜなら彼らはあまりに疲れている。昨夜夕食の後、私は疲れているにも拘わらず、マレー人（注3）街に出かけました。そして非常に汚いホテルの一室で一時間、マレー人（注4）の娼婦と話をしました。（どうか怒らないで欲しい、私の愛しいひとよ、作家として彼女と話してみたいという目的以外には、これといった特別の目的があったわけではないのだから）。夜のひと気のない通りに彼女と出たとき、月は巨大で赤く輝いていました。海からの微風が（遠く、遠く海鳴りが聞こえていた）、希望もなく尊厳もなく生きて行かざるを得ないこの悲しい町の惨めさを慰めてくれました。

ポートサイドからの私の最初の手紙で、愛についてあなたに多くの苦しみを与えたことをすまなく思っています。しかしあなたはあのことを誤解している。私は私たちの愛について特段に語ったわけではない。私は愛それ自体について単に話したのだ。（私は我々の旅行について後悔はしていない）。反対に、思い出が多くない我々にとって、素晴らしい経験になったのだ。そしてあなたは、我々の旅行が私の悲しみとしての一般的な愛の考えを理解してくれた。否、否、この旅のお陰で以前にも増して私はあなたを愛するようになった。私は、パリにいたときには知らなかったあなたの別の面を発見した。愛しいひとよ、変わることがないのはあなたへの愛だ。愛してる。あなたは、この世界で発見した唯一の女性だ。愛してる。そして、一日中あなたのことを考えている。早くあなたと再会したい。そしてあなたと生活を始めたい。私は何度も何度もあなたからの手紙を読んだ。読むたびに大きな喜びと、そして大きな悲しみがやって来た。私にはあなたの手紙が必要だ。そしてあなたの助言が、あなたの慰めが、あなたの思想が。なぜなら、あなたの手紙を読むと、私の旅の印象と私の考えとを素晴らしく深めてくれており、そんなあなたが大好きなのです。

今私は、あなたの助言により小説を書くことができると強く思う。なぜならあなたの手紙でさえ私の旅の印象を一層深めてくれたから。愛しいひとよ、私にはあなたが必要だ。私の人生のためだけではなく、仕事のためにも……。

そしてすでに我々のあいだでは共同作業が始まっている。私は世界で一番幸せな人間だ。なぜならフランソワーズを妻として迎えることができるのだから。

日本では、私は治療に専念します。そして快復したら、我々の人生は今よりもさらに素晴らしいものになるだろう。この船のキャビンで私は毎日あなたと一緒にいると思っている。そして私は独り（あなたと）話している。「さぁ、私の愛しいひとよ、海を見に行きましょう、そして何か冷たいものをたのみましょう。この国はなんと暑い土地柄でしょうか！」などなど。幸いにも同室の人は日本人で、フランス語がわかりません。彼は私に日本語で尋ねます。「何かおっしゃいましたか？　よく聞こえなかったが」。そして私はいつも彼にこう答えます。「すいません、眠っていいて夢を見たようで……」。そして私は顔を赤らめます。

――――○――――×――――○――――

私の最初の手紙で、愛はそれぞれの孤独を越えることはできないと書きました。この言葉はどうもあなたに誤解を与えたようです。（このことについては、今は説明したくない。なぜなら話し出したらキリがないから。しかし、いつだったか、このことについてアレクサンドルと話したことがある。私の考えをもっとよく理解してもらうためには彼と話し合わなければならない）。

あなたもよく知っているように、作家になりたいという私の望みを実現するためには、作家の義務として、どんなに厳しい事柄であっても客観的にかつ勇気を持ってこの世界を見つめなければならない。だから私は、いつも自分の性格を恐れています。調和した愛を望むことは大変たやすく、望ましいこと。しかし我々は人間として、人間の状況、孤独、死に直面した孤独から逃れることはできない。この大変簡単な言葉が私の出発点となっています。覚えているだろうか、私の愛しいひとよ。病院で私が孤独を恐れていると話し、そしてあなたに孤独は好きかと聞いたことを。あなたは私のおかしな質問に微笑みながら答えてくれた。「ええ、孤独は好きよ」そして私はまた、あなたに聞いた。「フランソワーズ、あなたは死に慄いたことはあるかい？」「死の孤独を知っているかい？」あなたは「いいえ」と答えた。それからリヨンのことも覚えているだろうか。夜の街を歩きながら、あなたと私の世代の違いについて話した。毎晩七百〜八百機のアメリカ軍の空襲があり、私はそれらに恐怖を抱きながら戦争の最中に大人になったのだが、私はこの孤独を忘れることができない。そして目の前で仲間たちが孤独に死んでいった。誰も彼を助けることはできなかった。母親も、奥さんも。私はそれらを自分の目で見、その時代を生きたのだ。

今、私が一番に望むことは、この世界と対峙して明晰に見ることであり、この黄色い砂漠とマレー人（注5）の売春婦の淋しい顔を見ることなのだ。そして、この世界の意味を摑むために、東洋と西洋の二つの思想を織り込むこと。愛の次元においてさえ、私は明晰なる目を失いたくない。愛しいひとよ、申し訳ないが、私は死について考えることなしに見ることができない世代の人間なのです。

だから、今、あなたがくれたマルローの『声の沈黙』をもう一度読みたい。残念ながらあの本は木箱にしまってしまった。（あなたに見せた）ジョルジュ・ビュランの『仮面』は二回読んだが、この本は読むたびに感心しています。あぁ、私の愛しいひとよ、この本のいくつかの文章を理解するためには、病人になって旅に出て、多くの人種と巡り合う必要があったのです。ジョルジュ・ビュランはパリ十六区のクロード・テラス通り三十七番地に住んでいます。彼の所に行って、私がどれほどこの本に感動しているか伝えてくれないだろうか。

（注3）原文は malaisienne と書かれているが、文の内容よりマレー人と判断される。
（注4）右同
（注5）右同

9　一九五三年二月十三日　香港にて投函

（二月五日　シンガポール）

私の恋人よ

今日、我々の船のすべての者が、私をからかいました。なぜなら、あなたからの五通の手紙を受け取ったからです。洋上の旅行のあいだ（つまり、その間あなたからの手紙を一度も受け取らなかった）、私は常に人間嫌いで、暗い気持ちでした。そして今日、私は喜色満面で、皆に大いに話しかけています。五通の手紙（二通はシンガポール、三通はポートサイドとアデン宛）を受け取った嬉しい気持ちの結果です。そして、すべての手紙を読んでは読み返し、あなたからの愛とあなたの不安をしっかりと理解しました。そして、アデンとポートサイド宛の手紙では笑ってしまいました（手紙の中のあなたはロマンチシズムのせいでとても恥じていたが）（注6）。私は反対に、それが気に入りました。そしてそこに、短い旅行のあいだずっと泣いていた、私の可愛いフランソワーズを発見して、私は微笑みました。アデンの後突然、あなたは「語調」（注7）を変えました。あなたは自分がロマネスクな世界とは関係ない、いかに偉大な哲学者であるかを示そうとしました。（ごめんなさい！　私はそんなフランソワーズが好きなのです）。私の手紙に応じてわざわざ「語調」を変えるには及びません、私の可愛いフランソワーズ。あなたが望むことをどんなことでも書けばよいのです。あなたの本当の長所が理解できないほど私は愚かではありません。そしてあなたに言ったように、私はあなたのすべてが好きです。そしてあなたは、釘で答案用紙を書いた昔のいたずらっ子と結婚する価値が十分にあるのです。

α　α　α

さて、愛しいひとよ、あなたが五通の手紙の中で私に書いたことに答えましょう。

（1）私は、もしあなたが迷惑でなければ、日本であなたと結婚することを大変幸せに思います。

あなたのお姉さんは、この点について私よりも多くの経験があります。そして日本に帰った後、私は我々のための準備を始めるつもりです。

Ⓐ　あなたのご家族とお姉さんに手紙を書いて欲しいという頼みについては承知しました。しかし、手紙を書くにあたっては、日本のきれいな和紙を使うのがよいでしょう。そこで、日本に帰るまで待って欲しいのです。

Ⓑ　もう一度、あなたのご家族とお姉さんの住所を教えてください。もちろん、あなたはそのことを私に知らせてくれたのだけれど、あなたの不安な気持ちのふるえからか、その字が少しばかり読みにくいのです。

（2）私はジャン・マルク氏と未来の義理のお姉さんの親切にどれほど心打たれたか言葉では言い表せません。私が彼らに手紙を書く前にも、どうか私の真摯な感謝の気持ちをお伝えください。

（3）次の手紙であなたに書いて欲しいこと。

Ⓐ　私の代わりに、日本の友人たちに宛てて絵ハガキを書いてくれましたか？（私は彼らの住所をあなたに教えたと思うのですが）。そして、日本に送るようにお願いした品物は送っていただけたでしょうか？

Ⓑ　アレクサンドルに会いましたか？　我々の出発前の彼の私たちに対する友情を忘れないように。そして、彼とマリー・ルイーズに伝えてください、日本の私宛に手紙を書いてくれるように。（私の旅のあいだの住所を、あなたは彼らに知らせてはいないでしょうから）。

あなたがリルケに興味を持ったことを知ってとても幸せです。なぜなら、まさに、彼は私が賞賛してやまない詩人の一人だからです。そこで、私は（1）彼の手紙（フランス語でどのように訳されているのか知りません）（注8）を読むことを勧めます。それは素晴らしいものです。でもあなたは、フランス語に訳されている『若き詩人への手紙』を読むことができます。（2）それから、モーリス・ベッツ（注9）によりフランス語に訳されたリルケの小説『マルテの手記』を。今も私はそれを読み返しています。そして情熱的に賞賛します。リルケの『マルテの手記』は、死に対峙したときの孤独の問題をあなたに提示するでしょう。このドイツの詩人の研究に関しては、アンジェローズの『ある詩人の発展　ライナー・マリア・リルケ』より他に素晴らしい本を知りません。彼はすでにゲーテに関する立派な研究を発表しており、それもまた私を痛く興奮させます。いずれにせよ、もしあなたに時間があるなら、この詩人の作品を読んでください。

心より愛をこめて、ポール

（注6）原文ではカッコを閉じるのを忘れている。
（注7）原文では ton “ton” と重複により強調されている。
（注8）原文ではカッコを閉じるのを忘れている。
（注9）疑問符がついているが、正確には Maurice Betz。

10　一九五三年三月十日　世田谷区経堂にて

私の愛しいひとよ

あなたに手紙を書くのに、こんなにも長くあなたを待たせてしまい、誠に申し訳ありません。しかし、今日からは定期的に手紙を書くことを約束します。あなたから二つの郵便物（パイプとスリッパ）を受け取りました。本当にありがとう。大変有益です！　そして三日前に、二通目の手紙が日本に届きました。その手紙は私を大いに喜ばせました。（それから同時に、マリー・ルイーズが親切にもあなたのことを書いて寄越してくれました）。

私は、フランスに、パリに、多くの郷愁を抱いています。しかし、日々の生活は、そのような個人的な時間を持つことを許してくれません。想像してみてください。朝になると（昼時まで）十～十二の電話を受け、二～三回は訪問者があるのです。それから昼食ですが、訪問者は私に休息する時間を与えてくれません（医者からは午眠を取るように言われているのですが）。午後からはオフィスに行きます。そして、疲労困憊して我が家に帰ります。夕食の後、個人的な用事をすませ、いくつかの原稿を書き、そうでない場合は食事や会合の誘いがあります。けれども、なぜかパリの時よりも健康になっています。私は仕事をしていないと病気になってしまう性質なのかもしれません。いずれにせよ、今年、私は三冊の本を出版します。オフィスでの仕事の後、疲れ果ててタクシーに乗っているとき（私はある新しい雑誌の編集長を引き受けることになりました）、黒いアニマルのような巨大で悲しいこの都市の中で、淋しくあなたやパリのことを考えています。このとき、恐ろしいほどに孤独を感じます。

半東洋的で半アメリカナイズされた戦争を懸念しながら、しかしあまりに悲惨なこの巨大な都市で、本質的と言えるものを私は何も発見できなかった。すべての物事は表層的で薄っぺらい。そしてすべての者が私を将来性のある若い作家として扱うのです。「あなたは幸せ者だ」と彼らは私に言います。しかし、違います！　この都市では、若い作家になるためには自らの健康と悲しみを犠牲にしなければならないようです……名声のために。すべての者が、「私の悲しみ」や「私の苦しみ」を私に与える。会合で微笑みを見せながら、重々しく語ること……なんという偽善者だろう！　そして、毎日、一日の内で一回だけ、本当の顔を持つことのできるタクシーの中で、私はあなたのことを思う。悲しく孤独な私を知っている唯一のあなたのことを。

どれほどあなたに会いたいか、あなたと結婚したいか、言うことができない。あなたを抱きたい、あなたの顔を、あなたの髪を、あなたの乳房を、あなたのすべてを。そして、あなたが西洋の哲学を語るのを聞いていたい。あなたとともに働きたい。あなたが私のものとなり、私があなたのものになることを、私はよく知っている。しかし私はこの別離の状況には耐えられない。

一週間前に、ソルボンヌの元助手で、現在は日仏学院の院長であるルキエ氏（注10）に招待され、彼にあなたのことを話しました。親切にもあなたが学士を取るという条件で、哲学の先生として招聘することが可能であると言ってくれました。それで、私は大いに希望が膨らみました。もしあなたが七月に「博識なる学士嬢」になることができれば、この学院の先生として日本に招くことができます。（この学院は悪くはありません。私もモーリヤックの講演をするため来週この学院に行きます）。

もしあなたが日本に来るなら、私はあなたの世話をしましょう。そして、十一月には結婚しましょう。なぜなら日本の秋はとても素晴らしいからです。日本アルプスの近くの山に行き、そこで一か月過ごしましょう。

もしあなたの最近の写真があれば送ってください。現在私は五枚あなたの写真を持っています（四枚はマルセイユで私が撮ったものです、覚えていますよね！）。

アレックスに『第二の性』を私に返すように言ってください。必要なのです！

心よりあなたへ、あなたのポールより

（注10）疑問符がついているが、正確には日仏学院の初代学院長 Lequiller 氏。

11　一九五三年四月三日　世田谷区経堂にて

私の愛するひとよ

手紙をこんなにも長く待たせてしまい、誠に申し訳なく思います。けれどもあなたもよくご存じの通り、日本に着いてから私はまったく時間がなかったのです。病院に行ったり、訪問客を応接したり、電話や来訪の種々の申し出に対応せねばなりませんでした。

今日また、病院に行ってきました。一週間以内にはおそらく健康診断の結果が知らされるでしょう。しかし、思っている以上に、私は早く快復しているようです。なぜなら、日本に着いて以来調子が良いのです。（もちろん、二年間は用心せねばなりません）。ところで、もしあなたが今年の年末に日本に来られるのなら、遅くとも来年の初めには我々は結婚①できます。①結婚――もちろんあなたもご存じのように、私の病気が治らなければ、（結婚生活と言う意味で）結核患者の結婚はご法度です。

さて、日本に着いてから一つの問題に気づきました。それについて今日、次のことをあなたに相談したいのです。

（1）今回、日本政府は政府の金による外国の学生の招聘をやめました。そこで、あなたは私費でしか日本に来られません。

（2）日本でのあなたの滞在費を経済的に支えることは、もし私と同じレベルの生活をするならば、難しくはありません。しかし、問題はあなたの旅費を送金することです。（船の場合、だいたい十六万フランです）。

（3）また我々（あなたと私）は少なくとも九月までにその金を工面せねばなりません。

（4）ところが、日本とフランスの間の経済的不均衡が原因の外為法により、あなたに送金することができないのです。
（5）ついては、あなたのお父さんに借りることはできないでしょうか？　もちろん、お友達で、我々が二年以内にそのお金を返済するという条件で、あなたに貸してくれる人がいればよいのですが。私の病気が治れば、あなたとともに働き、お金を貯めて返済できるでしょう。
（6）もし、これが不可能なようでしたら、すぐに知らせてください。あなたを日本に呼ぶための他の方法を考えてみます。
いずれにせよ、本件について悩む必要はありません。我々の愛は、必ず、十か月以内に二人を結ばせるでしょう。あなたが私を愛しているのなら、私を信じてください。そして、あなたもよくわかっているように、私はあなたなしでは生きてゆけないのです。

今すぐにでもフランスに帰りたい。三年間フランスにいて、そこに住む、できれば一生。日本に戻って以来、居心地が良いが、特に会話をしたいとは思わない。私の対面に、私が話ができるような人を見つけることは困難です。ここではすべて私流にやっています。魂の奥にあなたを捜していますす。日本に戻って以来、自分の魂の中に、どれほどあなたが必要不可欠化なのか感じています。あなたの声を捜しています、あなたの唇を、あなたの顔を、私が抱くことのできるあなたの乳房を、あの三日間の旅行中、それらは私だけのものだった。

キスしておくれ、愛しいひとよ、あぁ！　早く日本であなたと会いたい。早くおいで、早く、早く！

アレックスとマリー・ルイーズにどうかよろしく。

ポールより

12　一九五三年五月二日　世田谷区経堂にて

試験頑張ってください！　あなたのために、私のために、そして私たちのために！

愛しいひとへ

孤独の中で、生きる希望と勇気をもたらせてくれたのは、あなたでした。あなたの二通の手紙を、涙とともに読みました。あぁ！　愛しいひとよ、すぐにでも私のそばに来ておくれ。そしてあなたのそばで、あなたの身体に身を埋めて、おのれを立ち直らさせ、あなたを幸せにするために健康を快復するでしょう。

フィアンセとして、未来の妻として、人生の伴侶としてあなたを発見したことはなんという奇跡でありミステリーなのでしょうか。人生の伴侶、私はこの言葉が大好きです。私にとって人生は真実に到達するための長い道のりです。あなたとともに私は歩いていく。たった一人で夜明けから出発して長い時間が経ちました。そして今、あなたを人生の伴侶として発見した……。あなたには多くの犠牲をお願いすることでしょう。(例えば、日本で生活するということは、たぶんあなたにとって辛いことでしょう。違う習慣の中で生活すること、日本食を食べること、そして日本語を学ぶことは)。ごめんなさい、私はフランス人ではないので、この点については大いに後悔しています。しかし、あなたを信頼しています。そしてあなたもまた私を信頼している。私はあなたを幸せにするため仕事をします。

今のところ、私のからだは少しずつよくなっています。夜が来るたび性急に捜している……永遠の沈黙の中で、暗い夜に、死の意味を、生の意味を。あなたはきっと、夜の永遠の沈黙を知らないでしょう? 夜の沈黙、死の……。

そして人類に与えられた恐怖から、私は何度か目を覚まします。あるいは私は涙にくれる。これらの経験を生きた、すべての人間のことを思いながら。結局のところ、このとき、どれだけ私は他者を助けることができるのか、他者の不幸についてどれだけ書き、述べることができるのか?

＊　＊　＊

愛しいひとよ、もし私が間違っていなければ、あなたはカトリックを放棄したのだと思う。しかし、どのようにあなたは神とカトリックを放棄したのか? あなたの意見が知りたい。なぜなら、現在、私の弱さが（どう言えばよいのかわからないが）私に死、以外の他の世界について考えさせます。昨夜、『自殺の問題と死の経験』（ランズベルグ著、スイユ社刊）を読みました。それは大いに熟慮させるものでした。結局のところ、私は少しずつカトリックの世界に近づいているのを感じます、私の（汎神論の）東洋の血を放棄（大変つらいことですが）しながら。しかし、もし私が本当に汎神論者であるなら、なぜ私は死を恐がるのだろうか？（死の外には、「永遠の眠り」しかない。キリスト教徒である限り、死後の審判を恐れている。死への恐怖は、神の審判への恐怖であると思われます）

＊　＊　＊

あなたはしっかり休養するようにと助言してくれました。幸いにも今般、私は秘書を雇いました。日本人の若い娘だが彼女は大変気が利く。私が休んでいるあいだ、すべてを手配してくれる。この点についてあなたが気を揉む必要はありません。

マコ嬢が日本に帰ってきて、電話をくれました。不幸にも彼女の兄は結核だそうです。彼女は大変心配しています。アレックスとマリー・ルイーズからの便りが全然ありません。手紙で彼らの近況を知らせてください。それから、私がアレックスに貸した『第二の性』が返ってくるのを待っています。本当に必要なのです。

私の本がもうすぐ発売になります（六月の初めです）。入手次第郵送いたします。

13　一九五三年六月二十四日　世田谷区経堂にて

あなたからの次の手紙できっとお返事くださるであろうことに感謝します!!

私の愛するひとよ、送って頂いた贈り物（ルオーの本）とあなたの写真に、どのように感謝の言葉を述べたらよいかわかりません。あなたの最近の写真は、完璧にあなたそのものです。まさに私の愛しいフランソワーズです。写真の中のあなたは、なんと美しく、エレガントで、知的なことか。私は何度も何度も写真に口づけをしました……ありがとう、私の愛しいひとよ。

しかし今日は伝えなければならないことがあります。このところ私の具合はよくありません。東京の病院でのいくつかの検査の後、医師は肺の手術の中でも辛い手術（と、人は言います）をするよう勧めました。私にとって手術はたいしたことではありません。もし私が後悔をするとしたら、この世で今まで何もしなかったことでしょう。そうして一年か一年半を無駄に過ごしたなら、それは誠に耐えがたいことです。そして、あなたが十一月に日本に来るなら、そのとき私はたぶん病院にいるでしょう（手術をした場合）。そして退院できたとしても、少なくとも半年は休養する必要があります。つまり、あなたが日本に到着してから一年間は我々は夫婦生活は送れないということです。（率直に申せば、おわかりのように、二人は一緒に生活はできますが、一年か一年半の間、肉体的な愛の意味での夫婦生活ができないということです）。

この悪いニュースを伝えなければならず、誠に悲しいことです。大いに残念です。今年中にあなたを抱き、そしてあなたが私を抱くことを願っていた私にとって慙愧に耐えません。しかし、もしあなたが一年か一年半のあいだ、私のそばにいて（あなたは私と一緒に住む）、この犠牲に耐えることができるのなら、すべてがうまく収まると思います。

でも、私からこの犠牲をあなたにお願いする権利はありません。お返事にあたっては、当然のことながらあなたは完全に自由です。あなたを愛しています、フランソワーズ、そして私のからだがこのような状態に陥ったことを深く陳謝いたします。

＊　＊　＊

このところ、考えているのはすべて、死の意味についてです。いったい何年私は考え続けているのでしょうか。しかし今は、死を超越するために何かを発見すべきときと考えます。夜ごと、黒く永遠の沈黙の中で、突然目を覚まします。夜の孤独の中で、風の音を聞きながら、人生の意味について痛ましく思いを巡らします。それは誠に辛いことです、フランソワーズ。なぜなら、私は未だ何も発見できていないからです。そして、夜と夜の沈黙は際限なく私を脅迫します……。いったい私は何と繋がっているのか……。そしてそのような状況のとき、毎回、あなたのことを考えています。あなたの姿がだんだん大きくなり、私を慰めてくれます。そして、部屋で朝を迎えます。

昨日、ある雑誌社が執筆を依頼してきました。そこで私はヨーロッパにいたときの日記を発表することにしました。もし許してくれるなら、あなたの名前を出したいのです。そしてありのままの我々の愛についても。（本件についてはできるだけ早く返答をください）。（今のところ、特に用がなければ外出はしません。一日中床に就いています。それでも電話や訪問者が……なんと疲れることでしょう）。

勇気あるあなたの返事を待っています。私に答えてください、私を愛していると、そして私が手術をしようがしまいが、あなたは日本に来ることを。

愛しています、フランソワーズ。

あなたのポールより

14　一九五三年八月十八日　世田谷区経堂にて

私の最愛のひとよ

私の沈黙によりあなたをそんなにも悩ませたことを心よりお詫び申し上げます。私は心底恥じています。しかし、あなたもよくご存じの通り、手紙を書かなかったとはいえ、私は貴方を信頼しています。いずれにせよ、心の底より謝りますので、どうかお許しください。

まず最初に、私のからだは私の賢明な判断によりよくなっています（大変太ってきました）。~~（神聖なる手術をしなくても、快方に向かっているように見えます。しかし、手術する必要が本当にあるのかないのか私には確信がありません）~~。床に就いているとはいえ、働かないわけではありません。十枚の写真の載った私の本が出版されました。収録を予定していたあなたとアレックスの写真が届かなかったのは大変残念です。本の中に「強情で情熱的な大学生」というタイトルで挿入するつもりだったのですが、もう今となっては仕方ありません！

しかし、本当にこの十枚の写真は素晴らしい。なぜなら、

（1）あなたは実に美しく、私はそれが誇らしい。あなたは本当に美しい。

（2）アレックスの写真はまさにアレックスです。彼は目を細めて笑っています。このタイプの人間はいつだってミステリーです。私はそれを賞賛し続けます。ただ、彼は一人の人間です。ですからあなたが彼に惚れるのではないかと心配です！（冗談です！）

（3）この冬のパリのサン・ミッシェル大通りは、多くの思い出を喚起します。あの大通りを、少なくとも一回あなたと一緒に歩きました。あぁ、どれだけパリに帰りたいことか、あなたはよく知っているでしょう。愛しいひとよ、結婚したら、そして私たちがいっぱしのブルジョワになったら、パリのカルティエ・ラタンの黒い部屋に住みましょう。

私の本の評判は悪くはありません。それはジャーナリズムの批評のお陰ではありません。あなたの国が与えてくれた生き生きとしたものを私が発見したからです。それに、私はジャーナリズムを軽蔑しています。人は孤独の中でしか書けません。そうでなければ、すべては虚偽です。しかし、読み直してみると、私の文体にはなんとも言い難い寂しさと旧さがあることがわかりまし

た。旧さと寂しさは、おそらく、ヨーロッパの黄昏なのではないだろうか。

最近、セザール・フランクのレコードを買いました（ソナタ：バイオリンはジャック・ティボー、ピアノはアルフレッド・コルトー）。フランス滞在中、最も愛聴した曲です。この曲を聴くたびに、いつも言い知れぬ喜びを覚えます。もしあなたが私の人生観を知りたいのであれば、この曲をぜひ聴いてください。バイオリンを聴き（生の本質まで我々を導いてゆく死——子供時代、郷愁、孤独……）、そしてピアノを聴く（最初は闘いを挑み、だが結局は死と混じりあい、死とともに調和する）。そしてまさにティボーのバイオリンは「我々の子供時代、郷愁、夢、孤独、永遠の夜、真夜中の目覚め、祈り……」を回避します。そしてコルトーのピアノは、この死の恐怖と闘う。最後に彼は死に対して言う、「ウィ」「お前が正しい」と。

この第三楽章を聴きながら、私はたびたび涙を流しました。なぜなら、生に対峙しても死に対峙しても、まだ「ウィ」とは言えないからです。しかし、いつか私にも言える日が来る、きっと。あなたは笑うでしょう。なぜなら、自己流にこのような考えをあなたに説明しているわけですから。しかし、やはり……。

＊　＊　＊

今日あなたからの手紙を受け取りました。試験に失敗してしまったこと、大変残念に思います。いずれにせよ大したことではありません。シモーヌ・ド・ボーヴォワールは試験に五回も落ちています。今回の件については、たぶんあなたは彼女よりも賢明でしょう、きっと。私は自分自身に怒っています。なぜなら、前回の手紙にあなたが入れてくれたものを失くしてしまったからです。（意地悪な）風がどこかに運んでしまったようです。もし可能であれば、もう一度送ってくだされば誠にありがたいのですが。

15　一九五三年十一月二十一日　世田谷区経堂にて

愛しいひとよ

私の沈黙により苦痛を与え、大変戸惑いを感じています。しかし、手紙が着いていないのは、少しおかしい。十月からすでに二回送っています。日本の郵便局が紛失したのでなければ、フランスの郵便局の問題ということになりますよね？　いずれにせよ、誠に申し訳なく、どうか私をお許しください。ご存じの通り、私はそんなに意地悪でも残酷でもありません！

（1）愛する人よ、心配しないでください、私はあなたを愛しています。どんなに離れていても二人は一緒です。しかし、この距離はなんと不幸なことでしょうか。遅くとも、今年の末にはあなたが日本に来るものと信じていました。しかし、あなたは試験に失敗してしまった。学士号の資格があれば、あなたは東京日仏学院のポストを得ることができます。しかし、今回あなたが学士号の資格を取れなかったので、我々はもう一年待たねばならないのか？　それは耐えがたいことです。しかし、あなたがもう一度トライするのであれば、もう一年待ちましょう。ただし来年は、あなたが日本に到着したときには、私が元気になっていればいいのですが。それにしてもなぜあなたは二回も失敗したのでしょうか？　そんなに難しい試験なのですか？　私は理解しています。愛し合っている者が、こんなに遠く長く離れていることはなんと悲しいことでしょう。しかし、耐えることは、それこそ（人生を完全に受け入れて）生きる方法の一つです。努力しましょう……。勇気を持ちましょう、私もまた我々の別離に耐えているのですから……。

（2）私の健康は快復しています。しかし、今のところあまり働かないようにしています。どうして書くことから距離を置いているのか、自分でもわかりません。先週二冊目の本を出版しました。しかし、この本はあまり納得していません。それは我々の別離が原因かも知れません。あなたに見せられないのであれば、どうして書く理由があるでしょうか？　あなたはここにいない。そして私の筆は止まる。愛しいひとよ、愛しています。あなたの写真を送ってください。あなたのものなら何でもよいですから送ってください。私は虚しくあなたを捜しています。

あなたが欲しい。あなたが欲しい。あなたの精神や知性のみならず、あなたの肉体もまた。この目であなたを見ていたい。顔に触れたい、私の手であなたの乳房に触りたい。あなたを強く抱きしめたい。

このところ、頻繁にパリからマルセイユへの我々の旅の夢を見ます。思い出が私の中で純化しています。あぁ！　リヨンで雪の中を歩いたときはなんと悲しかったことか。その日の夜、ホテルの貧しい部屋で、あなたは私の傍らで泣いた。そしてマルセイユ、太陽が沈み……私たちの最後の夜。しかし、あなたは身体を触らせなかった……。

さようなら、私の愛しいひと、あなたが淋しいとき、悲しいとき、疲れたとき、私に手紙を書いてください。いずれあなたは私の許に来る、そしてもう二度と二人は離れはしない、決して、決して、永遠に……。

16　一九五四年四月八日　世田谷区経堂にて

私のフランソワーズへ

私の声が聞こえるかい、遠くから私の声が、生き生きとした沈黙の中の、私の声が聞こえるかい……、今現在私たちが離れ離れになっているとしても、いつも私はあなたのそばにいる。そう、いつもあなたのそばにいる、あなたが働いているときも、あなたが孤独のときも、淋しいときも……。

勇気を持ちましょう、フランソワーズ。私はいつもあなたのそばにいます。長いあいだあなたへの手紙がまったく書けませんでした。おそらく十月か十一月以来。しかしそれは大したことではありません！

昨年の十月以来多くのことがありました。最初に、母を亡くしました。母は昨年末に亡くなりました。この上なく愛していた母親を亡くした若者にとって、それがどんなに辛いことであるか想像できるでしょうか？　毎日、毎日、泣きました。世界で最も孤独でした。しかし、母はクリスチャンでした。そして、私もまた祈ることを知っています……。今は元気になりました。皆に慰められて……。

しかし私のからだはまだ完全ではありません（しかし今は大変よくなっています）。手術をする代わりに「人工気胸法」を始めました。かなりうんざりするものです。毎週一回病院に行かねばなりません。病院に行かない日は、ほとんど毎日ベッドの上で本を読んだり、プルーストのように書き物をしています。しかし今もまだコッホの結核菌が見つかります。やっかいなことです……。

あぁ！　いつになったらあなたと再会するためにパリに行けるのだろうか。しかし私は自分に約束しました、もう一度パリに行くことを。たとえ、三年かかろうとも、五年かかろうとも、パリはあなたと出会い、あなたを見つけた、そしてあなたを愛した最高の思い出の場所なのです。

一週間後に、私の友人の日本人の俳優（丹阿弥谷津子嬢）がパリに行きます。マルセイユの近くのカンヌで開催されるカンヌ国際映画祭に日本の代表として参加します。彼女はあなたと会えることを大変楽しみにしています。ぜひとも日本大使館に行って、浅野氏に会ってください。そして彼女のパリの宿泊場所（略）を聞いてください。あなたは彼女と会って（私のことを）話すとよいでしょう。なぜなら、彼女にフランス語を教えたのは私なのです。しかし、彼女は上手にフランス語が話せません。でも、あなたは彼女と話すことができるはず……。

私はいつもあなたのそばにいます。

ポールより

17　一九五四年八月二十日　東京にて（封筒・手紙ともに破損）

最愛のフランソワーズへ

山中に滞在していたため、東京に着いていたあなたの手紙を読むことができず誠に申し訳ありませんでした。返信することが大変遅くなったことを心より謝ります。

あなたに何度か説明した通り、私の健康について率直に申しますと、快復しつつあると思います。本年になって医者は私に、左肺のために「人工気胸法」（たぶんあなたも聞いたことがあるでしょう）を勧めてきました。それは多少効き目はあるようです。事実、この方法により、年初来だいぶ良くなってきました。（外見上、私は他の健常者と変わりません）。しかし、肺の空洞はまだ恢復していません。そして医者は十月に手術をするよう勧めています。熟慮のすえ、今後のためにもその勧めを受け入れることにしました。

（1）しかしながら、この手術により今年中または来年、あなたとは会えなくなります。なぜなら完全に快復するまで私は働くことができませんし、あなたの世話をすることもできません。私がベッドにいるあいだ、あなたはこの未知の国で一人でどうやって生きてゆけるでしょうか？

（2）次に、今のところ、日本であなたの仕事を見つけることは困難です。なぜなら、昨年あなたは試験に失敗したので、次の機会まで待たねばなりません。

（3）結果として、良いチャンスが来るまで、あなたはフランスで辛抱強く待っていた方がよいと考えます。

（4）つまり、私は健康が快復次第、もう一度フランスに行きたい。それから私に（東京のカトリック学部のコースを担当する）教授ポスト就任の打診がありました。たぶん、私がフランスに発つことに何ら問題はないと思います。（所謂、あなたが日本に来るという）あなたの計画よりも、その方がベターだと思います。この点について辛抱強くあなたの回答を待っています。

＊　＊　＊

唐突にこのような手紙を差し上げて大変申し訳なく思っています。しかし、思い出してください、「愛は時間と空間を超越します」。私はこの点についてあなたが少しばかり東洋人になってくださることを希望します。もしあなたが『第二の性』にゾッコンでいるなら、あなたはどのようにして達観することができるでしょうか？　冷静になりましょう。本質論として、人生とは忍耐です。私は冷静にあなたを愛しています。あなたのご家族を憤慨させないようにしましょう。私たちが愛し合っている限り、私たちの愛はますます近づきます。私はいつも「La……」を信頼しています。

あなたのポール・遠藤より

18　一九五六年一月二十六日　世田谷区経堂にて（手紙なし）

19　一九六〇年一月十九日　マルセイユにて★

一九五三年の冬と同じように、私はここマルセイユに佇んでいます。
まったく同じ場所で、しかしたった一人で、海を見ながら、そして船と人々を見ながら。

ポール・遠藤

20　一九六〇年二月十二日　アテネにて★

スペインとイタリアへのはなはだ疲れる旅の後、私は今アテネにいます。イタリアではローマ、フィレンツェ、ミラノ、ヴェニス、そしてナポリを見学しました。しかし、最も興味をそそられたのはポンペイでした。今回は太陽に恵まれることがなく、アンラッキーでした。明後日はエルサレムに行きます。お土産に差し上げた小型ラジオの調子はいかがですか？

ポール・遠藤

21　一九六〇年十月三十一日　目黒区駒場にて（手紙なし）

22　一九六三年九月十九日　町田市玉川学園にて（手紙なし）

フランソワーズ・パストル年譜

一九三〇年三月二十三日（当歳）
ロレーヌ地方のチオンヴィルで末娘の三女として出生。長姉はカトリーヌ、次姉はジュンヌヴィエーヴ。父親は職業軍人（陸軍士官）でラルザック高原の麓の町サン・ジュニエ・ド・ベルトラン出身。母親はアヴェロン県ミヨー出身。

一九三八年（8歳）
母親と二人の姉とともに戦争の影響から逃れるためパリに移住。ベル・エール通り二十一番地に住む。

一九四〇〜四一年（10歳）
レンヌに疎開。バスタール通りに住む。その後ミヨーに移動。

一九四二年（12歳）
再びパリに移住。エレーヌ・ブーシェ高等中学校に通う。

一九四三年（13歳）

母親が同郷のピアニストの卵のイヴ＝マリー・ブリュエル青年（後の長姉の夫）を、ナチスへの協力を拒否して我が家に匿う。

一九四八年（18歳）

大学入学資格試験（バカロレア）に合格。

一九五〇年（20歳）

ソルボンヌ大学文学部の教養課程を終え、同大学で哲学を専攻する。

一九五二年十月八日（22歳）

ジャン・ルイのアパートで初めて遠藤周作と会う。

一九五三年一月九日（22歳）

遠藤とパリを発ちマルセイユに向かう。三泊四日の旅の後、マルセイユで赤城丸に乗船した遠藤を見送る。遠藤は二月に日本着。

一九五四年（24歳）

この年学士課程を修了。哲学教員免状を取得。

一九五六年（26歳）

哲学高等研究免状（ディプローム・デチュード・シュペリュール）を取得。遠藤周作が前年に日本人と結婚したことを知る。

一九五七年（27歳）

中等教育教員適性証（CAPES）の試験に挑戦するも不合格。並行して中学教育課程の哲学の教員として教鞭をとる。初めは私立中学校で、後にパリ地域の公立高等中学校、そしてパリ市内のエドワール・パユロン高等中学校に勤務。

一九五九年十一月（29歳）

遠藤周作が夫妻で来仏。

一九六〇年（29歳）

一月、遠藤と二人だけで七年ぶりにパリで再会。

一九六二年（32歳）

スペインのコスタ・ブラバ、ギリシャ等を旅行。

一九六四年（34歳）

東洋語学校を卒業（日本語免状を取得）。森有正に師事。

一九六五年（35歳）

団体旅行で初めて日本を訪問。十一月、母親死去。

一九六六年（36歳）

日本の文部省の招聘によりフランス語講師として北海道大学に着任。後藤辰男先生、白井成雄先生（当時パリに留学中）の尽力によるもの。北大病院手前の外人官舎に住む。

一九六七年（37歳）

父親死去。北大の生徒たちとともに積丹半島の来岸で日本で最初の夏を過ごす。

一九六八年（38歳）

この年の夏は北大フランス語研究会の生徒たちと有珠の海岸のキャンプに参加。九月三十日札幌を発ち、獨協大学に転任。当初東京都世田谷区野沢に住む。後に砧に移る。市原豊太教授、小椋順子教授との親交が深まる。

一九七〇年（40歳）

四月十四日　遠藤周作と最後の会食をする。

六月　大塚の癌研病院で久野博士の執刀により、乳癌の手術を二度にわたり受ける。

七月　次姉ジュンヌヴィエーヴが見舞いのため急遽来日。

八月　病気療養のため羽田より帰国、二度と日本の土を踏むことはなかった。

九月　遠藤周作より『沈黙』について出版社と連絡を取るよう日本語の手紙が届く。

十月　肝臓と脊椎下部に癌が転移再発。

一九七一年四月三日（41歳）

ヴィルヌーヴ＝レザヴィニヨンの長姉宅で永眠。四月六日、この地に埋葬される。四月一日付の最後の手紙が市原教授に届く。

一九七二年十二月

獨協大学に「パストル基金」が設立される。同時に「獨協大学フランス文化研究」第三号

（副題：パストル先生追悼号）が発行される。

一九七六年六月

筆者がフランソワーズの教え子として初めてヴィルヌーヴ＝レザヴィニョンの墓参りをする。

一九九九年十一月

「三田文学」一九九九年、№59秋季号に次姉ジュンヌヴィエーブの特別寄稿「妹フランソワーズと遠藤周作」（翻訳：高山鉄男慶應大学教授）が発表される。

二〇〇〇年六月

「新潮」六月号に高山鉄男教授の「フランソワーズのこと」が掲載される。

二〇〇六年五月二十七日

義兄ブリュエル氏がヴィルヌーヴ＝レザヴィニョンの自宅で家族に看取られながら永眠。フランソワーズと同じ墓地に埋葬される。

二〇〇六年十月

「三田文学」の加藤宗哉編集長が『遠藤周作』（慶應義塾大学出版）を上梓。第六章及び第七章で「フランソワーズ」について詳述。

二〇〇七年九～十二月

町田市民文学館の「遠藤周作展」において次姉ジュンヌヴィエーヴの協力によりフランソワーズの原稿、日記等が展示される。

二〇一二年二月十七日
次姉ジュンヌヴィエーヴ、セントにて死去。享年八十七。海葬される。
二〇一四年三月
筆者がモンペリエを訪問。フランソワーズの姪が保管する、遠藤周作からフランソワーズへの手紙類の遺品を確認。
二〇一五年四月三十日
長姉カトリーヌ、モンペリエにて死去。享年九十三。
二〇一五年六月
筆者が再びモンペリエを訪問。遠藤周作からフランソワーズへの手紙がすべて見つかる。そのほか、舘慶一、森有正などからの書簡類が多数発見される。
二〇一六年九月
筆者が三度モンペリエを訪問。ジュンヌヴィエーヴの二人の娘の許可を得て、遠藤のすべての手紙を日本に持ち帰り日本語に翻訳。
二〇一七年四月二十二日
日本経済新聞の文化欄に遠藤周作からフランソワーズに送られた手紙についての記事「遠藤周作『罪』の原点」が掲載される。

（桑原真夫編）

あとがき

二〇〇〇年十二月十二日、午後五時、私はサン・ジェルマン大通りにあるジュンヌヴィエーヴのアパルトマンを訪ねた。フランソワーズの逝去後、何度も手紙やメールでやりとりをしていたジュンヌヴィエーヴではあるが、実際に彼女と会うのは初めてであった。

フランソワーズの一周忌にフランスに行く小椋順子先生にジュンヌヴィエーヴへの手紙を託したことは本文にも記した。その手紙の返礼として彼女から手紙と彼女自身の詩集が三冊送られてきた。『anthologie des poètes de l'essonne』『pierre éclatée』『On gaspille l'amarre ici』である。詩の内容はいずれも難解なものであり、いつか日本語に翻訳せねばと考えつついまだ私の本棚に眠っている。また、一九七六年に車でパリを訪れたとき、ジュンヌヴィエーヴの自宅を訪れたが会えなかった。同じ年、私は家族とともにヴィルヌーヴ＝レザヴィニョンのカトリーヌ宅を訪れた。それ以来、私はカトリーヌの家族同然の歓待を受けて今日に至っている。

そういった経緯から、私とジュンヌヴィエーヴとの対面はお互い少しも初対面とは思っていなかった。会うなり二人はフランソワーズの話に夢中になった。そしてジュンヌヴィエーヴは「三田文学」への特別寄稿の詳しい経緯を語ってくれた。圧倒的な妹への愛情が炎のように迸り出ていた。それは天命にも似た、彼女の人生の仕上げでもあったろう。

午後五時から始まった二人の会話は、文字通りたった一杯のお茶だけで、延々真夜中の十二時まで続いた。そして彼女が私のためにフランソワーズの「手記」を書いてくれることになった（その後半部分を附録に載録）。そして私がフランソワーズの伝記を（遠藤周作の手紙も含め）日本語で書き上げることを彼女に約束した。

この日、深夜、私はジュンヌヴィエーヴのアパルトマンを後にして、サン・ジェルマン大通りからホテルのあるクリシー広場まで徒歩で帰っていった。途中、まだ開いていたアラビア料理店に入り軽い夜食をとった。アルジェリア料理であった。皿に盛られたクスクスは、ジュンヌヴィエーヴとの長い会話の疲れとともに、忘れがたい孤独な食事の思い出となった。

それまで「フランソワーズ・パストル」の伝記を同人誌に書き始めていた私は、急遽、遠藤周作との関わりも織り込んで書き進める必要がでてきた。そして章が終わるごとにジュンヌヴィエーヴにその内容をフランス語で知らせた。当初は尊敬する恩師への思い出として書き始めていたことから、そこに遠藤周作を絡めることはなかなか無理があった。

出版社にとっても、同人誌の伝記掲載から書きおろしの単行本にするには、「遠藤周作」が主題であれば商品価値は上がるのだが、「フランソワーズ・パストル」では市場性がない。ましてや教え子による情緒的な思い出が主題であっては、どこも色よい返事をしてくれなかった。

ところが今般、幸運にも、論創社の松永編集部長より、根本的な構成の見直しによる新たな出版のオッファーを頂いた。総花的なエッセーの大半が削除されたが、フランソワーズと遠藤周作のこれまで語られることのなかった部分を、できるだけ客観的にここに開陳することができた。本著はフランソワーズ・パストルのために書いた本であり、それを書かしめたのは次姉ジュンヌヴィエーヴであり、長姉カトリーヌの温かい家族であった。関係者の多くが故人となった現在、ひとつの安らぎを覚えつつ、安堵とともに筆を措きたい。

ジュンヌヴィエーヴが附録の「手記」の中で、「私はこの詩人の運命をそれらの神に委ねたいと思う」と言った言葉に報いることができたであろうか？　そして、天国の二人が「余計なことをするな！」と怒っているのではないかと、私は心ひそかに今も心配している。

二〇二二年五月十九日

備後鞆の浦にて　筆者記す

著者略歴

桑原真夫（くわばら　まさお）　本名　中西省三　広島県鞆の浦生まれ。

広島大学付属福山高校卒、北海道大学（経）卒。三井銀行（現三井住友銀行）に入行後、ブリュッセル、マドリッド、ロンドン等ヨーロッパに約十四年在勤。スペインのガリシアの大詩人ロサリア・デ・カストロの翻訳に長く携わる。現在は同じくガリシアの女流詩人ルース・ポソ・ガルサの本格的な翻訳を開始している。またジャック・ブレルの伝記とともにバルバラの伝記、スペインの前王妃ソフィアの伝記も書き進めている。

主要著書

写真詩集『花へ』（山手書房新社、１９９０）
詩集『おもかげ』（土曜美術社出版販売、１９９６）
『斜めから見たスペイン』（山手書房新社、１９９０）
『それぞれのスペイン』共編著（山手書房新社、１９９１）
『スペインの素顔』（河出書房新社、１９９２）
『ロサリア・デ・カストロという詩人』（沖積舎、１９９９）

『スペインとは？』（沖積舎、２００９）
『スペインのガリシアを知るための50章』（明石書店、２０１１）
『スペイン文化事典』共著（丸善、２０１１）
『ロンドンを旅する60章』共著（明石書店、２０１２）
『現代スペインを知るための60章』共著（明石書店、２０１３）
『スペイン王権史』（中央公論新社、２０１３）

主要訳書

『モロッコ』共訳（同朋舎出版、１９９５）
『我が母へ』ロサリア・デ・カストロ著（沖積舎、２００６）
『ガリシアの歌・上巻』ロサリア・デ・カストロ著（行路社、２００９）
『ガリシアの歌・下巻』ロサリア・デ・カストロ著（行路社、２０１１）
『ルース・ポソ・ガルサ詩集』ルース・ポソ・ガルサ著（土曜美術社出版販売、２０１２）
『サール川の畔にて』ロサリア・デ・カストロ著（思潮社、２０１６）
『新葉』ロサリア・デ・カストロ著（思潮社、２０２２）

所属

日本詩人クラブ、京都セルバンテス懇話会、ＮＰＯ法人イスパニカ文化経済交流協会理事。

フランソワーズ・パストル――遠藤周作 パリの婚約者

2022 年 8 月 1 日　初版第 1 刷印刷
2022 年 8 月 10 日　初版第 1 刷発行

著　者　桑原真夫

発行者　森下紀夫

発行所　論 創 社
東京都千代田区神田神保町 2-23　北井ビル
tel. 03（3264）5254　fax. 03（3264）5232
web. https://www.ronso.co.jp/
振替口座　00160-1-155266

装幀／奥定泰之
組版／加藤靖司
印刷・製本／中央精版印刷
ISBN978-4-8460-2185-6　